칸트가 우리에게 던지는 227가지 질문

칸트가 우리에게 던지는 227가지 질문

초판 1쇄 인쇄 2011년 11월 15일

초판 1쇄 발행 2011년 11월 20일

지은이 S. 프리드랜더

옮긴이 박중목

펴낸이 이방원

편집 김명희 · 안효희 · 김민수 · 강윤경

디자인 박선옥

마케팅 최성수

펴낸곳 세창미디어

출판신고 1998년 1월 12일 제300-1998-3호

주소 120-050 서울시 서대문구 냉천동 182 냉천빌딩 4층

전화 02-723-8660

팩스 02-720-4579

이메일 sc1992@empal.com

홈페이지 http://www.scpc.co.kr

ISBN 978-89-5586-138-9 03160

ⓒ 박중목, 2011

이 도서의 국립중앙도서관 출판시도서목록(CIP)은 e-CIP 홈페이지(http://www.nl.go.kr/ecip)와
국가자료공동목록시스템(http://www.nl.go.kr/kolisnet)에서 이용하실 수 있습니다.
(CIP제어번호: CIP2011004904)

Immanuel
KANT

칸트가 우리에게
던지는 227가지
질문

S. 프리드랜더 지음 | 박중목 옮김

세창미디어

|차례|

들어가는 말

근원적인 것을 강의할 수 있는 사람만이
이해하기 쉽게 강의할 수 있습니다.
_ 이마누엘 칸트

옛 천문학처럼 학문으로서의 윤리학은
어느 때 어느 곳에서나 다이너마이트처럼
비약의 유익한 수단으로 작용할 수 있습니다.
_ 에른스트 마르쿠스

    윤리수업을 위한 이 교과서는 에른스트 마르쿠스의 작품 없이는 저술될 수가 없었습니다. 그의 저서인『윤리와 종교의 토대와 칸트철학의 세계구성』,『정언명령』,『칸트의 세계건축』그리고 그 밖의 저서들은 칸트의 불분명한 표현뿐만 아니라, 명백한 표현까지도 우리에게 정확한 이해력을 제공해주었습니다. 그리고 근원적인 판단력에 관한 증명과 정신적인 발견을 통해 칸트철학의 중요성을 한층 더 높여주었습니다. 에른스트 마르쿠스는 우리 시대의 유일한 칸트철학 이해자이며, 실제로 쇼펜하우어가 표현했던 칸트의 '계승자'에 해당되는 사람이었습니다. 이 교과서의 전체적인 물음과 대답은 마르쿠스 저서에서 거의 유래된 것이며, 학생의 지적 능력에도 적합합니다. 교사는 특히 어린 학생들에게 의미가 풍부한 예시를 통해 지도해야 합니다. 성숙한 청년은 이 책을 직접 이해해야 하며, 또한 할 수 있을 것입니다.

이 교과서를 학교에서 공식적으로 채택한다면, 정치에까지 효과가 나타날 만큼 중대한 영향을 끼칠 것입니다. 우리의 참되고 고유한 이성은 세계를 포괄하는 모든 신앙적 고백보다 더 높은 보편성을 가지고 있으며, 이성의 도덕적 명령은 모든 민족을 확실하게 규제할 것입니다. 그리고 곧이어 학식을 가진 후세대가 칸트의 영원한 평화를 이룩하는 데 도움을 줄 것입니다. 칸트는 말합니다. "우리는 훈육과 문화와 문명의 시대에 살고 있습니다. 그러나 우리는 오랫동안 아직도 도덕의 시대에 살고 있지 않습니다. 현재의 상황에서 우리는 국가의 행복이 동시에 인류의 불행과 함께 성장한다고 말할 수 있습니다."

정치의 핵심은 법입니다. 법은 또한 윤리학의 핵심입니다. 윤리학은 자연의 맹목적인 필연성에 도덕법칙의 탁월한 당위성을 대립시킵니다. 즉, 윤리학은 도덕성을 감성, 유용성 그리고 쾌와 불쾌에 대한 관심과 대립시킵니다. 모든 법칙은 우리의 고유한 이성에서 나옵니다. 이성이 오로지 종속된 수단이나 우리의 욕구나 행동방식의 유용한 도구로 남아 있는 한, 이성은 도덕적이지 않으며, 이익의 관심으로부터 벗어나지 못하고 또한 자유롭지 못하여 결국 충동의 시녀로 전락합니다. 그러나 만일 이성이 자유롭고 그리고 충동을 이성법칙에 굴복시킨다면 이성은 도덕적입니다. 왜냐하면 이성은 행동의지를 사정없이 무조건 이성법칙에 규정하기 때문입니다. 이성은 도덕적으로 자신에게 법칙을 스스로 부여하기에 자연으로부터 자유롭습니다. 물론 이성은 법 없이는 자유롭지 않습니다. 본능적인 욕망의 격정 대신에 이성의 빛이 마음에 점화될 때, 법도 없이, 난폭한 자유의 유령은 모든 마음으로부터 추방될 것입니다.

철학은 세 가지 물음을 제기합니다. 이 물음에 대하여 우리는 학교에서 대답할 수 있도록 배워야만 합니다.

      I. 우리는 무엇을 해야 합니까?
      II. 우리는 무엇을 바랄 수 있습니까?
      III. 우리는 무엇을 알 수 있습니까?

이마누엘 칸트는 이 세 가지 물음을 엄밀하게 학문적으로, 즉 논박될 수 없는 증명을 통해 답했던 첫 번째 사람입니다. 그러나 그의 이론은 오늘날까지 학자들에 의해 대부분 오해되었기에 그대로가 아니라 왜곡되어 국민에게 주입되었습니다. 칸트의 서술방식은 최고의 교육을 받은 사람에게만 이해되었습니다. 그것도 그들이 편견 없이 연구에 착수할 경우에 말입니다. 그리하여 많은 사람들이 무슨 뜻인지도 모르고 도덕적 명령, 정언명령을 입버릇처럼 말했습니다. 더욱이 그들은 자신의 행동과 정언명령定言命令을 결합시키지 못하고, 또한 신앙과 정언명령을 연결시키지 못한 채 입버릇처럼 떠들었습니다. 그러나 칸트의 윤리이론은 젊은 인성을 교육시키기 위해 매우 중요할 뿐만 아니라 필수불가결합니다. 다른 모든 이론은 자의적 감정에 맡기는 반면, 칸트의 윤리이론은 증명을 통해 그리고 이성적으로 이해될 수 있는 진리를 통해 드러납니다. 진실의 법칙은 도덕의 근본법칙입니다. 칸트의 윤리이론은 계산 가능한 모든 감각경험의 너머에 있는 종교적 전망과 함께 도덕적인 구구단입니다.

또한 국가는 참된 도덕성에 기인해야 합니다. 삶과 죽음에 있어서 모든 것은 참된 도덕성에 기인해야만 합니다. 그런데 참된 도덕성이 어디에 기인하고 있는지, 참된 도덕성의 본질이 무엇인지 예전에 우리에게 충분히 알려지지 않았습니다. 학생이 이런 핵심문제를 소홀히 하고, 진리탐구에 따른 명석한 이해 없이 오로지 선의善意로만 길러진다면, 필연적으로 도덕적 회의가 뒤따를 것이고 그리고 개인적인 혼란에서 정치적 회의가 뒤따를 것입니다. 그러나 의지나 행동에 있어서 참된 도덕성은 이성의 법칙에 기인합니다. 이성의 법칙은 어린 학생에게도 명확하게 설명될 수 있습니다. 6살이 된 어린이도 머리카락이 없는 머리를 빗을 수 없다는 것을 이미 알고 있습니다. ― 따라서 피해야만 할 모순도 파악하고 있습니다. 거짓말하거나 도둑질하거나 살인하는 것이 도덕적으로 터무니없는 모순이라는 사실을 파악하고 배우는 데 얼마 걸리지 않습니다. 그래서 우리는 어떤 상황에서도 어린이의 마음이 모순 없는 도덕성에 익숙할 수 있도록 해야 합니다. 우리는 어린이가 해야 할 것과 하지 말아야 할 것의 양심을 증진시켜야 합니다. 그리고 이성의 무기창고에서 물음과 의문이라는 모든 무기를 끄집어내어, 이것은 결코 이성의 진리를 파괴할 수 없으며 단지 진리탐구를 위한 유용한 도구일 뿐이라는 점을, 나중에 통찰하게 할 것입니다. 그리하여 정신의 자기 파괴로부터 안전하게 될 것입니다.

학문적으로 입증될 수 있는 이러한 도덕성만이 신앙고백의 철책을 점점 제거할 수 있으며, 이와 더불어 통치자와 공무원은 불필요한 고민뿐만 아니라 어려운 고민으로부터 벗어날 수 있습니다. 도덕적 인간이 되고자 노력한다면 인간은 스스로 경건해진다고 칸트는 말합니다. 정부가 학문적인 윤리이론과 이성종교를 학교교육에 도입하기로 결정한다면, 세계지식과 신앙고백과의 갈등은 사라질 것입니다. 인간 상호간의 친화성을 해치는 사립학교는 필요 없게 됩니다. 윤리수업은 진실성의 법칙에 근거해야 합니다. 칸트의 윤리이론은 엄밀한 학문적 지위를 갖고 있습니다. 그의 윤리이론은 확실하며 구구단처럼 간단하게 익힐 수 있습니다. 그리고 교사는 이 교과서를 통해 어디에도 비길 데 없는 중요한 윤리학의 구구단을 젊은 학생에게 확실하게 전달하여, 우리가 도덕적 오류를 범하지 않도록 가르칠 것입니다. 이성은 이 깨어질 수 없는 법칙으로 인간을 비로소 인간답게 만들 것입니다.

자연과 경향성, 정욕 그리고 충동은 마치 기계처럼 맹목적으로 필연의 법칙에 종속되어 있습니다. 반면 유일한 입법자인 우리의 이성은 도덕적으로 행동하는 즉시, 명백한 자유의지로 이 필연의 법칙에 복종해야 합니다. 그리하여 이성은 이성적인 자유로서 자신에게 속하고 그리고 자신에게 복종합니다. 이런 까닭에 자유와 자유의지는 필연이 아니라 당위이며 능력입니다. 자연은 수동적인 것으로서 규정됩니다. 이에 반해 이성은 활동적인 것으로서, 규정하는 것입니다. 도덕적으로 우리가 해야 하는 것으로부터 할 수 있다고 추론하는 것은 모순이 아닙니다. 도덕적으로 스스로를 강요하는 자유로운 이성은 맹목적으로 강요된 자연과 동일한 힘을 갖고 있습니다. 이성과 자연이 서로 섞여 있는 인간은 도덕적으로 의무가 주어져 있지만 그렇다고 자연의 강요에 종속된 것처럼 행동하지 않습니다. 우리는 사물과 자연을 이용하고 있는 이성존재로서 자유로운 인격체이지만 원래는 대지의 가엾은 기생존재에 불과합니다. 그러나 도덕적 명령은 별이 빛나는 자연의 하늘 위에서 승리를 구가하고 그리하여 자연을 강렬하게 비춰줍니다.

산술가가 구구단을 증명했듯이 이마누엘 칸트는 (자연을 극복하려는 목적으로) 모든 자연으로부터 완전히 해방된 자유로운 이성의 힘을 확실하게 증명했던 유일한 철학자입니다. 이 확실한 증명방식 때문에 칸트의 윤리이론은 특별히 학교에 추천할 가치가 있습니다. ─ 모든 인간은 단 두 가지 근거에서 행동할 수 있습니다. 우리는 어떤 이익 또는 쾌락 때문에 행동하거나 아니면 도덕적으로, 즉 이익이나 손해 또는 기쁨과 슬픔을 직접적으로 고려하지 않고 이성법칙에 따라 행동합니다. 그리고 우리는 어떤 조건하에서 이성에 따라 행동하거나 아니면 무조건적으로 이성에 따라 행동합니다. 우리는 자연에 의해 제약된 명령에 복종하거나 아니면 무조건적으로 이성법칙에 따르는, 즉 도덕적 명령에 복종합니다. 자연은 이성과 구별됩니다. 즉 감성, 쾌적함, 유용성, 기쁨과 슬픔 그리고 행복과 불행은 도덕성과 엄격하게 구별됩니다. 이 날카로운 구별은 학생들의 머릿속에 도덕적인 계몽을 불러일으키며 그리고 이 계몽은 후에 정치적인 것까지 이르게 될 것입니다. 그들은 도덕법칙의 순수한 존경심에서 행동하는 것을 배우게 됩니다. 자연에 의해 제약된 행동근거 대신에 이제 무조건적인 이성적 행동근거가 자리잡게 됩니다.

이성의 법칙은 도덕적으로 공평무사합니다. 이성적 존재는 다른 이성적 존재와 동일합니다. 이성은 상호원조를 명령하고 그리고 다른 사람을 위한 한 사람의 광신적 희생을 비난합니다. 도덕성은 무엇보다도 우선 개인적이라는 사실을 통해 보편적으로 작용합니다. 보편적 도덕성은 각 개인의 도덕성의 결과입니다. 우리가 어린 학생 개개인의 도덕적 계몽을 등한시한다면, 그리고 학적으로 엄밀하게 입증된 칸트의 참된 윤리이론이 학교에 소개되지 않는다면, 판단력은 언제나 숙명적 오류를 범하게 될 것이고, 이 오류는 결국 무서운 정치적 혼란을 야기할 것입니다. 자연적 본성은 도덕성에 의하여 근절되지 않을뿐더러 그렇다고 완전히 내버려둘 수도 없습니다. 오히려 규칙에 의하여 제어되어야 합니다. 그런 까닭에 규칙의 한계 안에서 자연의 소박한 행복은 도덕적으로 가능합니다. 도덕성은 우리의 심성과 감정을 밝게 비추고 신성하게 해줍니다. 그러나 도덕성은 사실 심장 깊숙이 자리잡고 있는 양심인 '냉정한' 법칙에서 나옵니다. 만일 이성과 이성법칙에 대한 존경심이 고귀하고, 뜨겁고 그리고 열정적인 심장에 내재하고 있지 않는다면, 이 심장은 맹목적이고 격렬하게 도덕적 불합리에 빠질 것이며, 그리하여 눈과 판단을 상실한 맹목적인 인간사랑에 빠질 것입니다. 예를 들어 이런 맹목적 사랑은 악에 맞서 싸우기보다 불법에 복종하는 사랑입니다. 살인자에 대한 동정 때문에 피살자에 대한 동정을 망각하는 사랑입니다. 이성의 법칙에 따르는 도덕성이야말로 그리고 법칙과 의무의 존경심이야말로 학문과 예술의 발전을 촉진시키고, 결국 분리되었던 모든 신앙고백을 유일한 이성종교로 융합시켜 줍니다.

도덕적 정당성 없이는 국가도 법도 존재하지 않습니다. 또한 법은 무엇보다도 도덕적이어야 합니다. 그런 까닭에 국가나 법이 강제하거나 처벌해야 할 의무가 도덕적으로 있음을 학생들은 배워야만 합니다. 자연상태에서 도덕적 행동은 불가능합니다. 이성은 무조건적으로 도덕적 행동을 명령합니다. 그런 까닭에 이성은 국가와 법에 명령합니다. 그리하여 법치국가는 우선 도덕법칙에 의하여 신성하게 됩니다. 이러한 정의를 근거로, 정의의 손상은 죄이며, 정의는 사랑의 도덕적 보상을 낳습니다. 그 밖의 나약한 도덕성은 법에 의해 자연의 힘을 부여받습니다. 따라서 보편적인 인간의 권리는 공평무사한 입법을 통해 보급

됩니다. 법은 인간 대 인간의 투쟁을 이성적 인간과 맹목적 자연과의 투쟁으로 순화시킵니다.

학생은 소유권의 도덕적 근거와 공동체를 위하여 사유재산을 파기하는 것이 왜 오류인지를 배울 것입니다. 사실 공동체는 도덕적으로 개인보다 더 높지 않습니다. 다른 사람을 침해하지 않고 점령한 물건은 자신의 소유입니다. 도덕성은 사유재산의 안전성과 다른 사람의 원조를 명령합니다. 벌이와 절약이 없으면 그것은 불가능합니다. 개인소유와 상속권이 없으면 아무것도 얻을 수 없고 또한 절약할 수도 없습니다. 따라서 사유권의 가능성을 파기하는 것은 비도덕적입니다. 앞에서 언급된 사랑의 행위는 자발적인 것입니다. 그것은 법적으로 강요될 수는 없습니다. 보편성이라는 이름으로 다수를 위해 개인의 권리를 빼앗는다면 이것은 개인을, 예를 들어 다수의 행복을 위해 개인의 재산을 희생시키는 것입니다. 다시 말해, 우리는 먹이를 위해 도덕성을 이용하는 것이며 그리고 유용성을 고려했기에 도덕적 판단을 흐리게 합니다. 외적 자유를 보호하기 위한 조건인 재산권은 필수적인 법제도입니다.

모든 학교가 교리문답서와 성경 대신에 칸트의 윤리이론과 이성종교를 가르치지 않는다면, 우리는 윤리수업과 종교수업을 분리해서 가르쳐야 합니다. 국가가 이성에 의해 정립된 윤리학을 도입하여 청년의 가슴에 이 윤리학이 주입된다면, 국가는 대중의 행복을 위해 개인의 권리를 희생시키는 잘못된 공상을 거부할 것입니다. 국가는 시민전쟁이 발생하는 피의 원천을 막을 것입니다. 오로지 도덕적인 정치만이 진정하게 조국을 사랑하는 것입니다. 학생은 기쁨과 슬픔, 이익과 손해를 고려하지 않고 오로지 도덕적으로 생각하는 것을 배워야 합니다. 감성과 유용성은 자칫 도덕성을 자칭합니다. 예를 들어 우리는 학생에게 선과 악의 대립 못지않게 가난과 부의 대립을 생각하게끔 합니다.

법칙은 감정이 없지만 공평합니다. 번개가 친 후에 천둥소리가 나듯이 규칙을 파괴한 후엔 처벌이 뒤따릅니다. 법의 보호가 없다면 도덕은 허약합니다. 이성이 없는 신적 계시는 알아들을 수가 없습니다. 이성이 바로 우리가 알고 있는 신적 계시입니다. 윤리교육의 가장 어려운 영역인 성적 욕망은 이성의 법칙에 의하여 정화될 수 있습니다. 성행위는 도덕적으로 생산번식과 일치하는 것이 확실합니다. 그런 까닭에 우리는 '본성의 거부'를 극복하고, 이를 통해 도덕적으로 올바른 결혼개념을 정립시킵니다. 쾌락 때문에 쾌락을 추구하지 마십시오! 식사를 위하여 식사하지 말고 즐겁게 식사하십시오! 훈시적인 성교육뿐만 아니라 도덕적으로 정초된 참된 성교육은 법규보다 성적으로 더 좋은 효과를 줍니다. 왜냐하면 성행위는 법적으로 강제될 수 없는 자유로운 도덕성에 속하기 때문입니다. 도덕적인 자기억제의 깨달음이 없다면 모든 의무는 효과가 없습니다. 법은 수많은 난폭한 범죄를 예방합니다. 그러나 도덕성은 어릴 때부터 존경 대상으로 교육될 때 '교양인'만이 아닌, 참된 모든 교양의 수준을 높여줍니다. 그 외에도 특히 성교육은 결코 자연과학적이어서는 안 되며, 교사의 인격에 자연과학적인 것과 도덕적인 것이 결합되어 있어야 합니다. 그리고 지금까지 남성의 순결성에 대한 원칙도 진지하게 고려되지 않았습니다.

법은 도덕성의 조건입니다. 국가는 법의 조건입니다. "고귀한 것을 좋아하지 않는 것은 불가능하다"(괴테). 법칙에 대한 존경은 어릴 때부터 배울 수 있고, 정초될 수 있습니다. 그렇지 않다면 우리는 민족전쟁, 시민전쟁 그리고 국가의 타락을 맛보게 될 것입니다. 도덕국가는 오랫동안 살아남을 수 있습니다. 도덕의 승리는 최고의 승리입니다. 이미 학교에서 학문적으로 엄밀하게 윤리교육을 받은 민족은 미래가 있습니다. 예를 들어 만일 우리가 조국애를 도덕적으로 통제하지 않는다면, 우리는 '선택된' 민족의 잘못된 놀이와 마주칠 것이며, 또한 이 민족의 침울한 운명의 잘못된 놀이에 휩쓸릴 것입니다. 오스트리아는 다양한 민족의 통일 가능성을 위한 모범이 아니겠습니까? 미국은 유럽국가에게 도덕적 모범이 아니겠습니까? (폴란드와 아일랜드처럼) 비도덕적으로 과도하게 열광하는 조국애는 윤리적 교육의 결핍에서 나온 것입니다. 바로 이런 점에서 우리는 칸트와 함께 전진합시다. 이제 우리는 칸트의 도덕적 선택을 보여 줍시다! 타민족에 대한 멸시, 예를 들면 독일인, 유대인, 프랑스인 또는 (증오의 노래를 통해) 영국인에 대한 멸시, 그리고 자기 민족에 대한 거만하고 우매한 도덕성이 이미 어린 학생에게 깊게 각인되어버린다면, 우리는 그로 인해 필연적으로 다가올 세계전쟁에도 놀라지 않을 것입니다. 도덕성의 기반이 없는 국가는 멸망합니다. 도덕성은 건강한 평화의 목적을 위해 유용합니다. 세계평화의 원형을 믿지 않는 사람은 이 비도덕적인 의심으로 인하여 세계평화를 이룩할 수 없습니다. 무책임하고 어리석은 사람들에 의해 불가능하다고 간주되었던 목적을 이룩할 수 있다는 도덕적 확신이 학생들의 마음속에 넘쳐흘러야 합니다. 인류는 단지 자연에 의해서 구별됩니다만 동일한 이성을 가지고 있습니다. 이것은 남자와 여자의 자연적 구별에도 해당합니다. 피할 수 없는 자연적 구별로부터 우리가 종족과 존재의 본질을 구별함으로써 젊은이를 타락시킨다면, 우리는 인류의 미래를 파괴하는 것입니다.

오늘날의 모든 정치적 불행은 우리가 칸트의 윤리이론을 오랫동안 학교에 도입하지 않았기 때문입니다. 칸트의 윤리이론이 학교에 도입되지 않고서는 국가는 결코 회복될 수 없고 도덕적일 수 없으며, 그리고 정치적으로도 건강할 수 없습니다. 이것이야말로 우리가 가장 이해할 수 있는 대안입니다. 만일 유럽이 칸트로부터 도덕적 명령을 학교에서 이미 배웠더라면, 세계전쟁은 일어나지 않았을 것입니다. 그러나 학술적인 전문성으로 인해 파악될 수 없게 만들었기에 이마누엘 칸트는 이해되지 못했고 그리고 지금도 이해되지 못하고 있습니다. 그리하여 오늘날도 여전히 민족들의 증오, 비윤리적인 이기심 그리고 이득과 쾌락의 추구가 맹위를 떨치고 있습니다. 또한 존엄성을 추구하는 도덕 대신에 행복의 추구가 날뛰고 있습니다. 사실 존엄성의 윤리적 추구야말로 행복을 가져다 줄 수 있습니다. 학교에서이미 배웠던 도덕적 판단력이 결핍되지 않는다면 세계전쟁뿐만아니라 무력적 평화도 없을 것입니다.

칸트의 윤리이론은 무엇이 도덕적인가를 학문적으로 명확하게 정초합니다. 이것을 가르친다면 비도덕적 행동은 점차 사라지고, 국가와 사회는 행복하고 그리고 삶의 가치는 더욱더 커집니다. 모든 사람은 칸트의 도덕성에 의해 평가될 것이고, 야만스러운 오늘날과 같이 '종족', 국가 그리고 신앙고백에 의해 더이상 평가되지 않을 것입니다. 칸트의 윤리이론처럼 명백하고참되며 유익한 윤리이론이 일반적으로 인지되기 위해, 고통스럽고 오랜 시간이 걸렸다는 것은 오욕이고 부끄러운 일입니다. 이 윤리이론의 확실한 지식이 없다면 지구상의 평화는 불가능합니다. "오류와 선입견으로부터 정화된 진리 속에서 도덕법칙을 인식하는 것은 우리에게 세계질서를 반영시키는 것입니다. 이 세계질서는 심성을 높여주고 그리고 도덕법칙을 따르게 하는 힘을 강화시켜 줍니다. 그리하여 거짓, 혐의, 사기, 폭력 그리고 패륜으로 인한 파괴가 더 이상 자리잡을 수 없는 그런 세계가, 그리고 더 이상 민족, 국가, 종족, 계급의 대립이 결정하는 것이 아니라, 오로지 도덕적으로 노력하는 사람과 비도덕적인 사람의 대립만이 결정하는 그런 세계가 표상될 수 있습니다. 이 세계 속에서는 개인은 자연적 환경에 의하여, 따라서 우연적인 태생적 환경에 의하여 평가되는 것이 아니라, 도덕적 가치에 따라 평가됩니다"(에른스트 마르쿠스).

학교에서 가르치는 도덕성은 기술, 천문학, 예술보다 더 중요합니다. 그리고 칸트는 이 도덕성을 설교하지 않고 학문적으로 증명하고 정초한 첫 번째 철학자입니다.

I. 우리는 무엇을 해야 합니까?

001

-

우리는 어떻게 행동해야 합니까?

-

도덕적으로 행동해야 합니다.

002

-

도덕적 행동과 그 밖의 다른 행동과는 어떻게 구별됩니까?

-

도덕적 행동은 선하든지 아니면 악합니다. 이와는 달리 다른 모든 행동은 유용하든지 해롭든지 아니면 쾌적하든지 불쾌합니다. 이것은 모두 행복에 이바지합니다. 그러나 도덕성은 우리가 이러한 행복을 얻을 가치가 있도록 하며, 우리가 비록 불행할지라도 행복할 가치가 있도록 합니다.

003

-

그렇다면 도덕성과 유용성은 같은 것이 아닙니까?

-

다릅니다. 유용성은 항상 어떤 조건에서만 유용합니다. 예를 든다면 비가 올 때 우산은 유용하지만 그렇다고 항상 유용한 것은 아닙니다. 유해성도 이와 유사합니다. 그러나 선한 것과 악한 것은, 따라서 도덕성은 어떤 조건에서도 선하거나 악합니다. "여러분은 거짓말을 해서는 안 됩니다!" "여러분은 살인해서는 안 됩니다!"라는 도덕적인 금지는 생각할 여지도 없이 무조건적으로 타당합니다. 여러분이 말하는 모든 것은 비록 여러분에게 해로울지라도 참이어야 합니다. 비록 거짓말이 여러분에게 유용할 수 있다 할지라도 여러분은 거짓말을 해서는 안 됩니다.

004

-

자신을 무조건적으로 선하게, 참되게 그리고 도덕적으로 행동하게 하는 것을 우리는 무엇이라고 부릅니까?

-

그것은 존재하고 있는 것 중에 가장 신성한 계시입니다. 즉 그 것은 무엇보다도 무조건적으로 진리를 위해 자신에게 의무를 부여하는, 의심할 여지없이 확실하고 엄격한 자신의 고유한 이 성적 사유법칙입니다.

005

-

나는 도대체 어떤 근거에서 행동합니까?

-

나는 두 가지의 근거에서 행동합니다. 나는 도덕적 근거에서 행동하든지, 아니면 행복, 부 그리고 건강을 위하여 행동합니다. 나의 이성이 욕망, 소망, 충동 그리고 본능의 욕구에 봉사하든지, 아니면 역으로 내가 자연적 본성과 자연적 본성의 맹목적인 반응을 현명하고 실천적인 이성법칙을 통해 지배하고 극복하고 정돈합니다. 따라서 내가 자연법칙에 따라 움직이는 사물이나 기계처럼 움직이든지, 아니면 내가 이성법칙에 따라 인간이나 인격처럼 행동합니다.

006

-

자연적 본성은 나에게 무엇을 하도록 합니까?

-

나의 욕구를 만족시키게 합니다. 배가 고플 때 배고픔을 해소하고, 추울 때 따뜻하게 하도록 합니다. 자연적 본성은 나를 행복하게 하든지, 아니면 불행하게 합니다.

007

-

이성은 나에게 무엇을 명령합니까?

-

나의 모든 자연적 욕구를 오로지 도덕적으로 만족하라고 명령합니다. 즉 나의 빛나고 통찰력 있는 이성의 사유법칙에 따라 만족하라고. 또한 이성적 인격 및 이성법칙의 존엄과 가치에 대한 존경심에서 만족하라고 명령합니다. 우리는 이 이성법칙에 대한 의식을 양심이라고 부릅니다. 이성이 행복의 가치를 주재합니다. 이를테면 나의 도덕적 양심은 행복 또는 불행이 가치 있는지를 묻습니다.

008

-

따라서 도덕적 명령은 어떻게 말하고 있습니까?

-

당신은 맹목적인 자연적 충동을 당신의 빛나는 이성법칙에 복종시켜야 합니다. 인간은 자연(질료)일 뿐만 아니라 이성(정신)이기도 합니다.

009

-

그렇다면 우리는 이성법칙을 어떻게 발견할 수 있습니까?

-

역사적으로도 자연과학적으로도 발견할 수 없으며 오로지 숙고하는 사유로부터 발견할 수 있습니다. 이성적 사유법칙의 이론은 근엄하고 엄격한 학문입니다. 만일 우리가 자연적 본성에 의해 파멸되지 않으려면, 이 학문은 우리에게 환상이나 감정, 욕구 그리고 우리의 맹목적인 본성을 주도해야 합니다. 자연에 의해 길들여진 본성은 이성 없이는 자칫 자아도취적인 광기로 몰아칠 것입니다. 도덕성은 오로지 이성에 의해서만 진리로서 증명될 수 있습니다.

010

-

그렇다면 도덕성이 속임수일 리는 없습니까? 달리 말하면 우리는 도덕성을 의심할 수 없습니까?

-

우리가 도덕성을 의심하기 전에 도덕성의 본질이 무엇인가를 알아야 합니다. 도덕성에 대한 믿음! 이 믿음이 종교상의 계시를 통해 신성화되었을지라도 아직 충분하지 않습니다. 이 믿음이 확실하기 위해 우리는 우선 도덕성의 본질을 학문적으로 정립해야 합니다. 학문의 정신은 진리의 확실성을 증명하는 것입니다. 도덕성은 구구단처럼 확실하게 증명되어야 합니다. 그러나 이 증명은 알기 쉽게 파악될 수 있는 것이 아니라 정신적으로 심사숙고해야 합니다. 사유가 올바른지 또는 잘못인지를 검사하기 위해 사유가 스스로 모순을 범하고 있는지를 탐구해야 합니다. "이 사각형은 각이 없다."라는 생각은 모순입니다. 특히 우리는 올바른 사유를 배웁니다. ─ 비록 우리가 도덕성, 따라서 의무, 양심 그리고 책임을 오류와 속임수로 간주할지라도, 우리는 이것들을 속임수가 아닌 것과 예리하게 구별해야만 합니다. 우리는 조금 전에 이런 작업을 했습니다.

011

-

도덕성은 단지 일종의 행복입니까? 일종의 감성적인 이익입니까? 또는 전체의 행복과 동일한 의미입니까? 만일 살인이 공동의 행복에 이바지한다면, 살인은 도덕적으로 좋은 것입니까?

-

아닙니다. 왜냐하면 만일 살인을 거부하는 보편적인 법칙이 없다면, 그와 같은 법칙은 공동복지에 이바지할 수 없기 때문입니다. 따라서 예외 없이 오로지 보편적으로 타당한 법칙만이 도덕적일 수 있습니다. 실질적으로 공동복지에 이바지하는 법칙, 결코 깨어질 수 없고 예외 없이 무조건적으로 타당한 법칙이어야 합니다. 도덕성은 동화童話이든 진리이든 간에 그 본질은 유용한 공동복지와 분리되어 소위 말하는 근원적인 원칙에 두말 할 여지없이 타당해야 합니다. 비록 도덕성이 유용성에서 유래한다고 할지라도, 그것은 유용성을 결코 고려하지 않고 무조건적으로 타당해야 하기 때문에 유용성과는 다른 것입니다.

012

-

나는 도덕적으로 행동하는 것을 인식합니까?

-

자연적인 충동은 나를 행동하도록 움직이게 할 뿐만 아니라, 욕망을 만족시키기 위해 내가 무엇을 해야 하는지도 동시에 지시합니다. 이에 반하여 나에게 도덕적 행동을 하게 하는 도덕법칙의 무조건적인 명령은 내가 무엇을 해야 하는지를 알려주지 않습니다. 단지 도덕적 행동방식의 본질은 내가 무조건적인 법칙을 자연적인 충동에 사용하는 것입니다. 도덕법칙은 충동적인 삶을 억제하기 때문에, 직접적으로 충동과 본성에 따라 행동하는 것과는 다른 행동을 하게끔 도덕적으로 의무를 부여합니다. 그러면 나는 더 이상 충동에 따라 행동하지 않고 근본법칙에 따라 행동합니다. 이러한 도덕적 행동에도 불구하고 욕망의 본성은 변화하지 않고 그대로 남아 있습니다. 그러나 그 본성은 더 이상 욕망에 의해서가 아니라 도덕법칙의 무조건적인 당위에 의하여 지배됩니다.

013

-

그렇다면 도덕법칙은 어떻게 말하고 있습니까?

-

이성의 법칙으로 행동해야지, 충동적으로 행동하지 마십시오!

014

-

우리는 법칙성을 무엇이라고 이해해야 합니까?

-

법칙성이란 단순히 규칙에 맞는 것이 아니라(규칙에 합당한 범죄자도 있습니다), 예외 없는 엄격한 준수를 말합니다. 우리의 행동 방향을 인식하는 데 단지 도움이 되는 자연적인 충동을 대신하여 법칙이 등장합니다. 법칙에 맞게 작용하는 이 힘이 바로 이성입니다. 이성은 자연적 충동 때문에 자유롭게 자신을 펼쳐나가는 데 방해를 받습니다. 만일 우리가 이성을 욕망의 억압으로부터 해방시킨다면, 이성은 법칙에 맞게 순수하게 작용합니다. 자연적 충동의 억압 속에서 이성의 순수한 '하려는 의지'는 도덕적 양심의 '해야 한다는 당위'로 나타납니다. 이성적 존재로서의 나는 자연적 본성을 이성법칙에 굴복시킵니다. ─ 따라서 도덕성은 오로지 이성적 재능을 지닌 존재에게만 타당합니다.

015

-

이제 우리는 법칙개념으로부터 어떻게 도덕의 근본원리를 전개합니까?

-

법칙은 법칙에 복종되었던 것과의 상호관계를 규정하고, 따라서 나 자신에 대한 나의 행동도 또한 규정합니다. 모든 이성적 존재의 행복을 요구하고 보존하려는 무조건적인 명령이 없다면, 손상 또는 더 나아가 살인을 무조건 금지하지 않는다면 도덕법칙은 의미를 상실할 것입니다. 예를 들어 견딜 수 없는 고통을 해소하기 위해 살인이 비록 유용할지라도, 살인은 결코 도덕적으로 불가능합니다. 왜냐하면 우리는 행복추구를 위해 도덕적으로 행동해서는 안 되며, 기쁨과 슬픔, 쾌락과 불쾌를 고려하지 않고 오로지 도덕법칙에 대한 순수한 존경에서 행동해야 하기 때문입니다. 더군다나 자신을 훼손해서는 안 되며, 괴롭혀서도 안 되며 자살을 해서도 안 됩니다. 자기보존과 자기계발은 무조건적인 도덕법칙입니다. 이성적 존재는 자연적인 측면에서 현저한 차이를 보일지라도, 도덕적 측면에서는 다른 모든 이성적 존재와 동일합니다. 도덕법칙은 공평합니다. 도덕법칙은 나보다 다른 사람을 더 총애하지 않을 뿐 아니라 다른 사람보다 나를 더 총애하지도 않습니다. 도덕법칙은 상호간의 원조를 명령하고 다른 사람을 위한 광신적인 희생도 거부합니다. 사랑도 역시 열정적인 감성적 충동이기에 도덕법칙에 복종되어야 합니다.

016

-

다수성 또는 보편성이 개별적인 이성적 존재보다 도덕적으로 가치가 더 높습니까?

-

결코 아닙니다. 도덕법칙은 무리나 종족에 타당한 것이 아니라 각자의 이성적 존재에게 개별적으로 명령합니다. 집단이나 종족이 아니라, 개개인이 도덕적으로 가치가 있습니다. 다수에게 도덕적 판단을 내린다는 것은 거짓입니다. 인간성은 결코 집단이 아닙니다. 우리가 인간애를 설교하기 전에, 다수의 비도덕적인 범죄를 예방해야 합니다. 모든 흑인이나 유대인, 독일인, 프랑스인, 영국인을 병들게 할 비도덕적인 목적을 가진 도당이 있는 한, 참된 도덕성이 지구를 결코 통제하지 못할 것입니다.

017

-

남성이 여성보다 도덕적으로 우수합니까? 아니면 여성이 남성보다
도덕적으로 우수합니까?

-

남성과 여성이란 집단적 가치이며, 이것은 우리가 해방되어야
할, 그리고 해방될 수 있는 비도덕적인 선입견입니다. 남자이든
여자이든 간에 각자의 이성적 존재는 도덕적으로 개별적 가치
를 가지고 있지, 결코 집단 속에서 가치를 갖고 있지 않습니다.
개개인은 전체만큼 도덕적으로 타당하며, 전체를 위해 희생되
어서도 안 됩니다. 공동복지는 결과이지 도덕법칙의 목적이 아
닙니다. 도덕법칙은 어떤 조건적인 합목적성의 고려를 금지합
니다. 도덕법칙은 무조건적입니다.

018

-

우리는 악에 저항해서는 안 됩니까?

-

도덕법칙은 이성적입니다. 결코 이성을 뛰어넘어 광신적이지 않습니다. 사랑의 공로가 법의 손실을 보상하지 않습니다. 사랑으로 불법을 극복한다는 것은 달콤한 희롱에 불과합니다. 사랑으로 정의를 능가하는 사람은 도덕성을 비방하는 것입니다. 법은 무자비한 것이 아니라 도덕적입니다. 도덕법칙은 잘못이나 거짓말에 대하여 엄격하며 또한 그것을 비난합니다. 도덕법칙은 이성적 존재의 단순한 관용으로 만족하지 않습니다.

019

도덕법칙은 실제로 진리입니까 아니면 기만에 불과합니까?

-

이성과 진리는 동일한 의미입니다. 진실의 법칙은 인식하는 행위의 유일한 도덕법칙입니다. 잘못된 혹은 거짓된 정신은 단지 위선적으로 행동합니다. 이런 정신은 자신의 거짓을 벌할 것이며 스스로 모순을 범할 것입니다. 진실의 법칙은 무조건 타당합니다. 어쩔 수 없는 거짓도 도덕적으로 금지됩니다. 항상 진리를 말하기 위해서 우리는 사실 너무나 나약합니다. 어쩔 수 없는 거짓말은 기껏해야 용서될 수 있지만, 그러나 책임을 면할 수는 없습니다. 진실의 법칙은 소박한 모든 믿음을 의심하도록 합니다. 맹목적 믿음은 비도덕적입니다.

020

-

도덕성은 시대에 따라 달랐습니까?

-

아닙니다. 항상 동일했습니다. 도덕성과 과학, 자연경험의 원리
는 변화하지도 발전하지도 않습니다. 다만 우리의 판단력이 시
대에 따라서 예리해지고 발전합니다. 도덕적 진리는 영원하며
결코 변화하지 않습니다. 그러나 우리의 도덕적 판단은 잘못을
범할 수 있습니다. 법칙은 불변입니다만, 인간의 행동에 적용될
때 종종 수많은 의도적인 잘못(거짓말)이 발생할 수 있습니다. 신
뢰, 신의 그리고 믿음은 종종 도덕에 어긋난 내용을 가지고 있을
지도 모릅니다. 그러나 이것들은 불문율로서 야만족을 지배하고
있습니다. 우리는 폐를 알기 전에 숨을 쉽니다. 우리는 도덕성의
근본원리를 알기 전에 윤리개념을 형성합니다. 그러나 도덕적
판단은 걸핏하면 오류를 범합니다. 도덕적 판단이 확고하게, 어
떠한 고려도 없이 끝까지 도덕법칙을 향해 나아가는 것을 포기
한다면, 그 판단의 방향은 쾌와 불쾌, 행복과 불행 그리고 손해
와 이익에 따라 눈치 챌 수 없이 쉽게 빗나갑니다. 그리하여 우
리는 스스로를 기만하고 위선자가 될 수 있습니다. 이런 까닭에
민족의 윤리뿐만 아니라 개인의 윤리도 흔들리게 됩니다.

021

-

내가 도덕적으로 행동하는지를 어떻게 인식합니까?

-

당신의 행동방식을 절대적으로 타당한 무조건적인 법칙으로 변화시켜보십시오. 만일 당신의 행동방식이 그로 인해 의미를 상실하고 무의미해진다면, 그 행동방식은 비도덕적입니다. 예를 들어 법칙을 사칭하는 살인은 바보짓일 것입니다. 모든 사람을 죽이라는 법칙은 자신의 신하를 죽임으로써 결국 자기 자신도 함께 죽이는 것입니다. 그것은 어떤 누구의 법이 될 수 없으며 오로지 죽은 자만을 위한 법일 것입니다. 법칙은 예외를 알지 못하기 때문에 살인은 어떤 경우에도 허용될 수 없습니다. 우리의 고유한 이성은 예외 없이 모든 살인을 폐지하고 금지합니다.

022

-

도덕법칙은 어떤 방식으로 동물이나 식물 그리고 사물과 관계를 맺습니까?

-

도덕법칙은 원칙상 오로지 이성적 존재에게만 타당합니다. 그러나 인간은 자기 자신에게 도덕적으로 책임질 뿐만 아니라, 동물이나 식물 그리고 사물에게도 결코 난폭한 행동을 하지 않고 이성적으로 행동합니다.

023
-

도덕성의 최고 명령은 무엇입니까?

-

진실을 명령하고 거짓을 금지하며, 어떤 경우에도 잘못을 피하라고 명령합니다. 이성의 올바른 사용은 진실에 있습니다. 이성 없는 나의 행동은 단순한 사실적 사건일 뿐이지 결코 인격적이고 인간적인 행동이 아닙니다. 이성은 진실 자체입니다. 이성은 우리가 어떠한 상황에서도 진실해야 하고 또한 진실할 수 있도록 보장합니다.

024

-

인간행위는 자연의 작용 또는 자연적 사건과 어떤 점에서 다릅니까?

-

인간은 의도를 가지고 합목적적으로 행동합니다. 인간은 자신의 의도에 따라 목적을 위해 계획적으로 수단을 사용합니다. 인간은 이성적인 의지를 갖고 있습니다.

025

-

계획을 가진 인간의 합목적적인 의지로부터 어떻게 도덕법칙이 발생합니까?

-

인간은 결코 목적을 위한 수단이나 목적을 위한 사물이 아닙니다. 인간은 인격체로서 목적의 주인이자 언제나 자유인이며, 결코 노예가 아닙니다.

026

-

도덕성이 이성법칙이어야 한다는 것 이외에 다른 조건은 무엇입니까?

-

도덕성은 언제나 인격, 인간 자신, 자아, 이성적 존재에게만 타당합니다. 그리고 이성적 존재의 목적은 오로지 도덕법칙에 따르는 것입니다.

027

—

우리는 인간의 모든 목적을 통틀어서 무엇이라고 합니까?

—

행복이라고 합니다. 그러나 행복은 도덕적이어야 합니다. 따라서 행복은 쾌락 때문에 요구되는 것이 아니라, 인격 때문에 요구되어야 합니다. 인격이 없는 그리고 인격의 유지 없이는 그것은 단지 맹목적인 자연의 사건일 뿐이며, 결코 인간의 본래적인 행위나 행동은 없을 것이고, 더 나아가 자유, 책임, 자기 자신, 자기의식 그리고 양심도 없을 것입니다.

028

-

그렇다면 자연적인 자아와 이성적이고 도덕적인 자아는 어떻게 구별될 수 있습니까?

-

자연적인 자아는 행복을 위해 모든 충동을 만족시키려고 합니다. 도덕적인 자아는 충동을 억제하고, 이 충동을 법칙에 일치시키려고 합니다. 도덕성은 자연적 자아의 특수한 속성들을 돌봅니다. 변화무쌍한 모든 자연적 본성은 이성에게 복종하기 위해 자신의 고유한 다양성을 포기하는 것이 아니라, 서로간의 싸움을 포기할 뿐입니다. 단 인간본성의 풍요로운 변화에 대한 기쁨과 평화가 발생할 때까지. 도덕성은 자신의 존재를 유지할 의무를 가지고 있으며, 이 목적을 위해 노력합니다.

029

-

우리는 불법을 행하는 것보다 오히려 불법을 견뎌야 합니까?

-

전자의 경우도 후자의 경우도 결코 도덕적이지 않습니다. 불법에 대한 용감한 저항만이 도덕적입니다. 저항 없이 살해당한 사람은 죽음에 동반책임이 있습니다. 나는 모든 사람에게 올바른 행동을 강요해야 합니다. 왜냐하면 법이 없으면 도덕성은 불가능하기 때문입니다.

030

-

오로지 무엇으로부터 야만의 자연 상태에서 정의로운 상태가 발생
합니까?

-

오로지 법치국가로부터 발생합니다.

031

-

법과 법치국가는 어디에서 기인합니까?

-

그것은 이성법칙에서 기인합니다. 이성법칙은 자연적 인간에게 적용됨으로써 자연적 인간을 도덕적 인격체로 형성시킵니다. 모든 인간은 정의로운 국가와 결합할 도덕적 의무를 가지고 있습니다. 정의는 도덕법칙을 강렬하게 요구합니다. 법 없이 도덕성은 보호될 수 없습니다. 법은 타인에 의한 침해를 방지하고 각자의 신체적, 인격적 자유를 보장합니다.

032

-

법은 보편적 도덕성과 어떤 관계를 맺고 있습니까?

-

법은 외부로부터의 강요된 행동과 관계합니다. 그에 비해 도덕성은 근본법칙만을 제공하고, 이 법칙에 따라 우리는 자발적으로 도덕적 행위를 합니다. 도덕성은 결코 직접적으로 행동을 제공하지 않습니다.

033

—

최상의 도덕법칙은 무엇입니까?

—

자신의 이성법칙을 순수하게 존경하는 마음으로 행동할 것을
당신의 양심으로 삼으십시오.

034

-

도덕성은 단지 독일의 것입니까, 아니면 러시아 또는 유대의 것입니까?

-

도덕성은 두말 할 것도 없이 보편적인 인간의 것입니다. 도덕법칙은 모든 인간존재를 위한 것입니다. 천성적으로 아름다운 종족이나 호감이 가는 종족에게 도덕적 우수성을 부여하는 것은 그 밖의 인류에게는 하나의 범죄입니다.

035

당신은 왜 도둑질해서는 안 됩니까?

법은 사람과 그 사람의 신체와 성원들 그리고 목적을 위한 모든
수단을 보호합니다. 따라서 법은 다른 사람을 침범하지 않고 소
유한 물건들, 한마디로 표현하면 사유 재산을 보호합니다. 도덕
성은 인격의 안전과 인격에 귀속된 것들의 안전을 제공합니다.
그러므로 도덕성은 상호원조를 제공하고, 따라서 이익과 저축
그리고 사유재산권과 상속권을 제공합니다.

036

-

나는 법적으로 전체를 위하여 또는 가난한 사람을 위하여 재산의 전부 또는 일부분을 포기하도록 강요받을 수 있습니까?

-

그러한 희생은 법적으로 강요받을 수 없습니다. 오로지 자발적인 사랑의 행위로서만 도덕적입니다. 전쟁상태와 같은 야만시대에는 그러한 강요가 등장할지도 모릅니다. 그러나 나의 재산과 너의 재산의 법적 보호 없는 외적 자유는 인격의 목적을 수행하기에 불가능합니다. 사랑의 명령은 강제법이 아닌 자발적으로 준수되어야 합니다.

037

-

가난은 부보다 더 도덕적입니까?

-

빈부는 선악과 동일한 의미가 아닙니다. 착하고 부유한 사람이 있을 수 있고, 나쁘고 가난한 사람이 있을 수 있습니다. 도덕성은 빈부를 생각하지 않고, 오로지 선과 악, 법칙의 존경심 그리고 의무의 실현에 대하여 묻습니다. 물론 우리는 도덕적으로 가난을 염려합니다. 맹목적이고 비이성적인 자연은 종종 악한 사람에게 풍요로운 재물을 주기도 하고, 선한 사람에게 가난을 주기도 합니다. 그러나 부가 아니라 부를 얻으려는 노예적인 애착이 도덕을 타락시킵니다. 부가 빈곤보다 도덕적으로 더 존경을 받지 않습니다. 인간은 이성 법칙에 따라 모두 동일합니다. 다만 자연적 본성에 따라 다르기 때문에 서로 다른 능력을 가지고 있습니다. 만일 도덕성이 자연적 본성의 다양성을 제거해버린다면 도덕성은 비도덕적입니다. 도덕적으로 깊이 생각하는 사람은 빈부를 선과 악, 이익과 손실, 행과 불행 등과 혼동하지 않습니다.

038

-

처벌은 도덕적입니까 또는 비도덕적입니까?

-

개인의 권리보호 없이 도덕성은 불가능합니다. 처벌의 가능성 없이 법의 보호는 불가능합니다. 따라서 처벌은 도덕적으로 필요합니다. 처벌은 복수가 아닙니다. 오히려 그것은 법의 도덕적 힘입니다. 처벌은 칼과도 같습니다. 왜냐하면 칼 없이 이성은 무기력할 수 있기 때문입니다. 처벌은 손상된 법의 순수한 집행입니다. 처벌은 도덕적으로 금지된 것을 못하게 억제합니다. 불법을 타도할 법이 없다면 어떤 법도 있을 수 없습니다.

039

-

왜 나의 행위는 책임으로 돌려질 수 있습니까? 왜 나는 나의 행위에 책임을 집니까?

-

만일 내가 인간, 인격, 그리고 이성을 가진 자연이 아니고, 오로지 자연, 사물, 기계, 그리고 동물이라면, 나는 어떠한 의무나 책임을 지지 않습니다. 그러나 나는 사실 인간이고, 따라서 이성 능력을 가지고 자유롭게 행동하는 자연입니다. 그런 까닭에 공로와 죄과가 있습니다.

040

-

그러나 이러한 나의 자유, 책임, 도덕적 책임능력이라는 것은 허위입니까 아니면 진리입니까? 이것들은 모든 의심을 극복할 수 있습니까? 이것들은 참입니까 아니면 거짓입니까?

-

두말 할 나위도 없이 자유는 가장 자유로운 자기결정입니다. 여기에서만 당신은 도덕적 방식으로 자신을 강제해야 하고 또한 할 수 있습니다. 자유를 의심하거나 포기할 만큼 비이성적이고, 비인간적이고, 기계처럼 죽어 있는 사람은 이러한 의심과 불신 때문에 맹목적인 자연적 존재가 되어버립니다. 자유에 대한 이성적 믿음은 자신을 자유롭게 합니다. 자유는 당신의 자연성을 극복하고, 이것을 도덕법칙에 예속시키고, 행위의 주인이 되도록 당신을 돕습니다. 자유는 이성의 다른 표현입니다. 자유에 대한 불신은 자신을 부자유스럽게 합니다. 당신은 이성을 결코 의심할 수 없습니다. 다만 이성의 배경을 의심할 수는 있습니다. 이성은 자연으로부터 독립하여 자유롭게 판단하고 우리의 운명을 스스로 규정할 있는 정신의 힘입니다. 이성은 자신을 보호하기 위하여 법의 칼을 지니고 있습니다.

041

-

국가란 무엇입니까?

-

'국가'라고 불리는 개인들의 공동체가 없다면, 법은 있을 수 없으며 따라서 도덕성도 있을 수 없습니다. 법치국가에 복종하는 것, 따라서 국가의 수장과 당국에 복종하는 것은 도덕적 의무입니다. 국가법을 멸시하는 사람은 근본적으로 법치상태를 말살시키는 공포를 초래합니다. 물론 정부도 당연히 도덕법칙에 복종해야 합니다. 비도덕적인 당국은 국가를 파괴합니다.

042

-

누가 국가의 통치자가 되어야 합니까?

-

도덕성과 이성법칙입니다. 국가의 첫 번째 봉사자가 황제로 불리든, 왕, 군주 또는 대통령으로 불리든 간에 이성법칙을 준수하는 사람이 국가의 통치자가 되어야 합니다.

043

-

어떤 국가가 가장 오랫동안 지속되겠습니까?

-

가장 도덕적인 국가입니다. 도덕성이 없는 개개의 인간은 이미
건강한 삶을 이끌 수 없습니다.

044

-

상이한 국가들은 서로 친교를 맺어야 합니까? 아니면 서로 적대적 이어야 합니까?

-

사실 국가의 왕래에는 도덕성이나 순수한 법치상태가 지배하지 않습니다. 국가는 다른 국가에 대하여 늘 방어태세를 갖추고, 언제나 전투적인 경계를 하고 있습니다. 만일 도덕성이 언젠가 승리한다면 그리고 이성이 국가의 상호왕래를 지배한다면, 우리는 보편적인 인류평화와 도덕적 목적에 접근할 수 있을 것입니다. 그러면 인간은 야만적인 본성의 폭력성을 극복하기 위해 비로소 호전적인 용맹성을 드러낼 수 있을 것입니다. 그런 후 인간 대 인간의 전쟁은 중지될 것이고 국가 간의 상호촉진을 위한 기구가 마련될 것입니다.

045

-

공동의 작업을 위해 한 국가가 다른 국가를 강제할 도덕적 책임이 있습니까?

-

아닙니다. 법치국가는 다른 국가의 자유를 존중해야 하고 어떤 경우에도 공격해서는 안 됩니다.

046

—

이미 국제법이 존재합니까?

—

아직은 없습니다. 무엇이라고 불리든지 간에 유감스럽게도 국제법을 준수하게 할 법적인 힘과 권력은 아직도 없습니다. 국제법이 아직도 무기력한 한, 정치가는 항상 조국을 보호하기 위해 전쟁을 준비하고 있음에 틀림없습니다. 그러나 정치가는 오로지 평화의 목적을 위해서만 전쟁을 해야 합니다. 특별한 위기 상황에서 평화의 수단만을 위해 전쟁한다는 것은 어렵습니다만, 그렇다고 불가능한 것은 아닙니다. 보편적인 국제평화를 이룩하는 것이 도덕적 의무입니다. 따라서 모든 인간은 일반적으로 자신의 조국 이외에도 인간적인 의무를 가지고 있습니다. 물론 인간적 의무는 결코 조국애를 없애버리지 않고 다만 도덕적으로 제한할 따름입니다. 각자는 조국의 의무를 손상하지 않고도 세계평화에 이바지할 도덕적 의무를 가지고 있습니다. 타민족에게 자신의 민족을 배반하지 않고 모든 민족이 서로서로 화해하는 것은 어렵지만 불가능한 것은 아닙니다. 보편적인 인간이 아니라 오로지 조국만을 위해 행동하게끔 도덕적으로 자격을 제공받은 그런 "선택된" 민족은 결코 없습니다.

047

-

조국애보다 도덕적으로 더 고귀한 것은 무엇입니까?

-

모든 국가가 상호교류에 있어서 정의를 사랑하는 것입니다.

048

전쟁은 필요악이 아닙니까?

전쟁은 명백히 악입니다. 필요악이 아니라는 것도 명백합니다. 전쟁이 필요하다는 어떠한 증거의 흔적도 없습니다. '전쟁이 필요하다'라는 주장은 명백하게 비도덕적입니다. 전쟁을 필수적이라고 허풍스럽게 퍼뜨리는 사람은 이런 주장을 통해 그리고 전쟁의 필요성에 대한 맹목적인 믿음을 통해 필연적으로 전쟁을 일으킵니다. 이런 비도덕적인 믿음은 전쟁을 극복하기 위해 노력하는 사람을 방해합니다. 만일 전쟁이 필수적이라면, 전쟁을 제거하려는 가장 작은 시도마저도 막을 것입니다. 그리고 호전성이 보편적 인류평화를 두려워하는 것은 매우 우스꽝스러운 일입니다. 그러나 호전성은 비도덕적인 전쟁을 끝내게 하는 평화를 당연히 두려워합니다.

049

-

강하고, 신선하고, 자유롭고, 즐거운 전쟁은 도덕적으로 제공된 보편적 평화보다 더 이익이지 않습니까?

-

이익은 항상 의문스럽습니다. 그러나 도덕적 명령은 결코 의문스럽지 않습니다.

050

-

보편적인 평화는 가능합니까?

-

도덕적으로 존재해야만 하는 것은 도덕적으로 또한 존재할 수 있습니다. 그렇지 않다면 도덕성은 무의미합니다. 보편적인 인류평화는 어렵습니다만, 그렇다고 불가능한 것은 아닙니다. 도덕적 이성법칙을 알지 못한다면 평화는 성취될 수 없습니다. 도덕성은 모든 인간들 간에 평화를 필연적으로 실현시킵니다. 우리가 우선 외국인들을 이방인으로, 예를 들어 멸시받는 유대인 또는 독일인, 프랑스인, 흑인으로 보지 않고 인간으로 본다면, 그들 역시 사랑스럽습니다. 인간은 무엇보다도 인간이며, 그런 다음에야 조국이 있는 독일인 그리고 프랑스인 등입니다.

051

-

그럼에도 불구하고 이성과 이성의 도덕법칙은 기만일 수 없습니까?
그리고 우리를 잘못으로 인도할 수 없습니까?

-

그것은 결코 기만일 수 없고, 또한 잘못으로 인도할 수 없습니다. 이성은 진리이며 인식 그 자체입니다. 특히 이성에 대한 신뢰는 죽은 지식이 아니고, 손으로 눈을 가리는 그러한 확실성이 아닙니다. 이 신뢰는 확실한 것이며, 이 확실한 것에 의존해서 우리는 행동해야 합니다. 확실성은 단순한 지식에 기인하는 것이 아니라, 이성의 자유로운 행동력에 기인합니다. 이성법칙과 생동하는 인격적인 진실성이야말로 존재하는 것 중에 가장 신뢰할 가치가 있는 것입니다.

052

-

타고날 때부터 부여받은 자연성은 이성에 의해 도덕적으로 거부됩니까?

-

결코 아닙니다. 그러나 현명한 이성법칙은 맹목적인 자연충동법칙과 투쟁합니다. 우리가 도덕적으로 행동한다면, 우리는 자연법칙의 힘에 더 이상 지배받지 않습니다. 이성은 이 힘을 지배하고 우리를 도덕적으로 해방시킵니다. 입법자로서의 이성은 자신의 법칙에 도덕적으로 복종합니다. 이것을 우리는 도덕적 자유라고 부릅니다. 법칙 없는 자유는 자유롭지 못하고, 오히려 가장 맹목적이고 가장 난폭한 우행입니다. 우리는 자유를 추구하고 자유롭게 행동하면서 자유를 믿습니다. 그렇지 않다면 자유가 어떻게 증명되겠습니까? 의심과 불신은 이성의 힘을 제지하고 절름발이로 만듭니다. 그러나 이성은 모든 미신과 '운명'과 '별자리', '예언' 그리고 서양은 멸망한다고 유혹하는 주문으로부터 우리를 해방시킵니다. ─ 자유의 신뢰는 자유를 만듭니다!

053

-

**강력한 자연, 태양계의 하늘은 인간의 이성 못지않게 위력적이지 않
습니까?**

-

만일 우리가 인간을 보잘것없는 신체라고 파악한다면, 인간은
한갓 지구상에 기생하는 동물, 즉 딱정벌레와 동일할 것입니다.
그러나 우리가 인간을 이성의 살아 있는 인격체로서 이성적 존
재로 파악한다면,— 자연 전체는 이성의 법칙을 기계처럼 맹목
적으로 복종합니다.— 그리고 우리가 인간을 사려 깊고 책임감
을 가진 이성의 소유자로 파악한다면, 자연 전체는 인간을 위한
것이 될 것입니다. 우리가 한갓 자연의 일부로서 겸손해질 때
우리는 비로소 이성적 존재가 되어 우리 자신을 존경하고 경외
할 것입니다. 별이 빛나는 하늘은 우리 안에 있는 도덕적 명령
앞에서 멈칫할 것입니다. 이 도덕적 명령은 우리를 자연 전체보
다 높게 평가하며, 우리에게 죽음 너머 자유의 왕국, 영혼불멸의
왕국, 신성의 왕국을 분명하게는 아니지만 확실하게 제시할 것
입니다.

부록-성윤리의 원칙

054

-

성적 쾌락은 도덕적으로 금지되어 있습니까?

-

아닙니다. 다만 쾌락의 억제 불가능성과 무법성이 금지되어 있습니다.

055

-

그렇다면 이 쾌락의 도덕적 의미는 무엇입니까?

-

그것은 새로운 인간의 생식입니다. 이러한 자연적 행위는 여기에서 쾌락과 생식에 기여합니다. 그것은 인류가 멸망하지 않기 위해, 보호 받고 양성될 새로운 인간을 창조합니다.

056

-

성적 행위는 도덕적으로 어떻게 파악될 수 있습니까? 여기에서 어떻게 도덕적 행동이 형성됩니까?

-

나를 유지하기 위해 내가 기분 좋게 먹고 마신다면, 나는 도덕적으로 행동합니다. 그러나 내가 쾌락을 위해 먹고 마신다면 나는 비도덕적으로 행동합니다. 왜냐하면 내가 즐거움 때문에 사물에 예속되었기 때문입니다. 나를 유지하고 촉진하기 위해 나 자신을 사용해야 합니다. 따라서 성적인 자기만족은 금지됩니다.

057

-

자연에 거스르는 성적 만족은 있습니까?

-

우리가 도덕성을 적용하지 못한다면, 모든 것은 자연적이고 자연 법칙적입니다. 그러나 만일 우리의 이성이 자연에 ─자연은 자유롭지 않고 맹목적입니다. ─ 대립하면서 동시에 자연과 동등한 힘을 가지고 있다면, 반자연적인 것과 반이성적인 것이 동시에 존재합니다. 반자연으로서의 이성은 나의 쾌락과 만족 사이로 미끄러져 들어갈 수 있습니다. 이성은 나에게 자연이 미치지 못하는 만족을 인위적으로 상상하게 합니다. ─ 일방적인 성적 만족은 생산과 증진에 도움을 주지 않습니다. 도덕적인 한계 안에서 자연은 도덕성에 의해 신성해집니다.

058
-

성적 만족과 생식이 도덕적으로 하나여야 한다는 사실은 증명될 수 있습니까?

-

물론입니다. 도덕성은 오로지 명령과 금지만을 알고 있습니다. 허용과 예외를 알지 못합니다. 따라서 우리는 여기에서 두 가지 도덕법칙을 생각할 수 있습니다. 우리는 생식의 목적을 위해서만 성적으로 만족해야 하든지, 아니면 이런 목적을 고려하지 않고 성적으로 만족해야 합니다. 그러나 이런 목적을 고려하지 않는다면 도덕법칙은 자신의 의무를 단념하고, 이로 인해 자기 자신을 파괴할 것입니다. 따라서 우리가 생식을 고려하지 않고 성적 만족을 행한다면, 성적 만족은 도덕적인 태도로 볼 때 금지됩니다. 비록 새로운 인간의 생식이 나의 의지에 종속되지 않고 자연의 운행에 종속되었다 할지라도, 종족보존의 의지 없는 성적 만족은 비도덕적입니다. 쾌락과 생식의 통일성을 파괴하는 모든 종류의 성적 행위는 비도덕적입니다.

059

-

그것으로부터 어떤 도덕적 지시가 뒤따라 나옵니까?

-

정신적 단련과 육체적 단련을 위한 의무, 심성의 순화를 위한 의무, 동정할 수 있는 의무, (육체의 나약함 때문에) 비록 실질적인 정조를 항상 지킬 수 없더라도 근본적으로 정조를 지키려는 의무 등입니다. 자기만족뿐만 아니라 이성異性과 동성同性의 유혹도 비도덕적입니다. 또한 탕녀와의 상품화된 사랑도 역시 비도덕적입니다. 생식활동으로서의 성적 행위만이 유일하게 도덕적입니다. 정조의 원칙을 지킴으로써 당신의 도덕적 힘을 강화시키시오.

060

-

이런 도덕적 명령은 어떤 제한도 없습니까?

-

도덕적 명령을 근본적으로 포기한다면, 우리는 성적 죄악으로 인하여 붕괴됩니다. 도덕적 명령이 특수한 경우에 손상된다면, 도덕상의 죄만이 있을 뿐입니다. 우리는 도덕성을 일반적인 행복에 봉사하는 쾌락의 만족 및 유용성과 혼동해서는 안 됩니다. 행복을 위해 무엇을 해야 할지 우리는 결코 확신을 가지고 예측할 수 없습니다. 그러나 도덕적으로 살아가기 위해 우리가 무엇을 해야 하는지는 확실합니다.

061

-

도덕법칙은 성적 결합의 영역에 어떤 제한의 특수지시를 주지 않습니까? 여기에서도 오로지 증진의 보편적 명령만이 적용됩니까?

-

도덕법칙은 결혼을 하지 않는 모든 성적 결합, 그 밖에 돈이나 다른 이익으로 인한 육체의 성적 매매를 (무조건적으로 그리고 우리의 쾌락욕구와 관계없이) 금지합니다. 쾌락과 생식 간의 결합은 이런 부수 목적을 통해 분리됩니다. 도덕법칙은 성적 교환을 오로지 생식에 기여하는 것에 제한합니다. (우리는 생식의 결과를 자연에게 맡겨야 합니다.) 이것은 "당신은 생식해야만 한다"는 도덕적 명령을 의미하지는 않습니다. 단지 "당신은 쾌락 때문에 쾌락을 추구하지 마시오! 당신은 쾌락이 생식에 도움이 되고, 생식과 같은 의미라는 것을 도덕적으로 알아야 합니다!"라는 의미입니다. ― 이런 도덕적 사명은 육체의 나약함 때문에 매우 어렵습니다. 왜냐하면 이것은 우리의 행복을 방해하기 때문입니다. 따라서 도덕성은 육욕에 빠진 자연과 싸우면서 참된 영웅적인 용맹을 요구합니다. 만일 우리가 도덕적으로 깊이 생각한다면, 우리는 본능적 충동이라는 매우 거대한 영역을 탈환하여 그 충동을 이성에 굴복시킵니다. 이렇게 얻어진 강력한 도덕적 힘은 건강과 순수한 행복을 요구할 것입니다. 이에 반하여 도덕적으로 제한되지 않는 오로지 자연적으로 추구된 성적 만족은 실제로 우리를 훼손할 수 있습니다. 그러나 도덕의 근본원리는 지속적으로 지켜질 것입니다. "나는 오늘 기분전환을 위해 도덕적으로 행동할 것입니다." 이는 결코 지속적인 근본원리가 아닙니다.

062

-

왜 결혼이 유일하게 도덕적으로 제공된 성적 결합입니까?

-

결혼을 통해 두 존재는 생식을 위해 결합합니다. 두 육체로부터 하나가 됩니다. 그러나 이러한 합일은 예외적이고 일시적으로 성립되는 것이 아니라 법적인 지속성을 가지고 있습니다. 성생활의 이 법적인 규칙성은 필수적입니다. 법적인 결혼 이외는 도덕적으로 불가능합니다. 만일 내가 다른 사람과 생식을 위해 성적으로 하나가 된다면, 이 지속적인 공속은 도덕적으로 한 사람의 파트너가 다른 파트너의 소유가 되는 것입니다. 결혼만이 성적 파트너의 상호적인 소유입니다.

063

-

결혼은 단지 내적이고 정신적인 도덕성의 문제입니까 또는 외적이고 법적인 문제도 포함합니까?

-

결혼은 남용으로부터 보호되어야 하기 때문에 법적 개념이고 법의 강제성을 가지고 있습니다. 도덕적으로 볼 때 두 사람은 법적인 혼인을 통해 성적으로 하나가 됩니다. 이 결합은 또한 성관계에도 해당됩니다. 그 밖의 관계는 법적으로 강요될 수 없는 것이며 단지 자유로운 도덕성에 속하는 것입니다. 본래적인 도덕적 관점은 부부의 생식입니다. 왜냐하면 두 사람의 생식적 육체결합은 결과적으로 지속적이고 법적으로 보호되어야 할 결합이기 때문입니다. 그 외의 모든 성적 결합은 비도덕적입니다. 부부 이외의 자유로운 사랑은 법적으로 보호받을 수 없으며, 그것의 비난은 도덕적으로 마땅한 것입니다.

064

-

다부다처제(다처제, 다부제)는 왜 도덕적으로 불가능합니까?

-

남자나 여자가 다수의 소유자에게 분배되는 것은 도덕적으로 금지됩니다. 왜냐하면 이는 분리될 수 없는 생식의 통일체를 파괴하기 때문입니다.

065

-

결혼은 자발적으로 맺어졌기 때문에 다시금 자발적으로 헤어질 수 있습니까?

-

최종적으로 법에 따르겠다는 상호 간의 합의가 없다면 부부는 자유롭게 사랑을 약속할 수 있습니다. 그러나 언제나 취소 가능한 결혼계약은 비도덕적입니다. 결혼을 계약한 사람은 배우자뿐만 아니라 국가에 대하여 계약을 취소할 수 없으며 또한 시간적으로 제한된 부부결합도 단념해야 합니다.

066

-

그럼에도 불구하고 이혼은 도덕적으로 허용될 수 있습니까?

-

물론입니다. 그러나 상호적인 증진 대신에 결혼의 지속으로 인하여 상호적인 도덕적 손상이 발생한다면, 이혼은 법치국가를 통해서 가능합니다. 도덕법칙은 "당신은 영원히 당신 자신을 구속해야 한다."고 지시하지 않고, 오히려 "당신은 도덕적-법적으로 당신을 구속해야 한다."고 지시합니다. 따라서 도덕적으로 허용된 이혼의 조건은 부부의 권한에 속합니다. 그렇지 않다면 결혼은 나를 비도덕적인 배우자의 재물로 만들 수 있습니다. 결혼은 무한하고 영원히 타당한 것이 아니라, 법적으로 유한하게 타당한 것입니다. 사랑의 감정 없이 배우자를 쾌락의 수단으로 만드는 데 전념하는 것은 도덕적으로 금지됩니다. 서로가 혐오할 때 결혼의 지속은 비도덕적입니다. 또한 이미 존재하고 있는 어린이를 고려할 때도 역시 비도덕적입니다. 왜냐하면 부모의 불화는 교육에 좋지 않기 때문입니다. 무엇보다도 한 인격체는 다른 인격체에 희생되어서는 안 되며 또한 부모도 어린이에게 희생되어서는 안 됩니다. 왜냐하면 모든 인격체는 동등하기 때문입니다. 희생은 도취적인 것이지 결코 도덕적인 것이 아닙니다. 사랑의 도취는 참된 도덕성의 잘못된 대역입니다. 참된 도덕성이 결핍된다면 최고의 입법도 불법적인 성교를 저지할 수 없습니다. 왜냐하면 결혼이 강제권에 굴복한다는 것은 도덕적으로 자유의지를 방해하는 것이기 때문입니다.

067

-

어떻게 대부분 사람들은 성적 관계에서 도덕적으로 소홀해집니까?

-

남자는 자신의 성적 음란에 대하여 매우 관대합니다. 반면에 그는 자신 때문에 초래됐던 부인의 성적 음란성에 대해서는 관대하지 못하고 경멸합니다.

068

—

무엇을 통해서 도덕성이 향상될 수 있으며, 인간의 예의를 높일 수 있습니까?

—

남자의 순결도 역시 명예문제라는 사실을 통해서입니다.

069

-

성적 순결성은 우리의 건강을 해칩니까?

-

그에 대한 어떤 증거도 없습니다. 그것은 헛된 주장입니다.

070

—

이런 헛된 주장이 증명되었다고 우리가 받아들인다면, 이로부터 도덕적으로 어떤 결과가 나옵니까?

—

도덕법칙은 성적 만족의 유일한 방법을 제시합니다. 그것은 법적인 결혼이며, 더욱이 생식목적을 위한 것입니다. 도덕법칙은 모든 성적 교섭을 최소화합니다. 이로 인해 나의 건강이 위험할지라도, 나는 도덕적으로 이것을 고려할 수 없습니다. 도덕적 의무의 준수가 이익과 손해를 가져다주는지의 물음은 이미 우리가 보았듯이 비도덕적입니다. 도덕성은 무조건적으로 타당하든지 아니면 전혀 타당하지 않습니다. 나의 생명을 보호하기 위해, 자살해서도 안 되며 거짓말을 해서도 안 됩니다. 자기보존의 명령은 도덕적 구속에만 종속됩니다. 도덕성은 우리를 위험에, 그 중에서도 생명의 위험에 노출시킵니다. 그러나 비도덕성은 우리를 더더욱 위태롭게 합니다.

071

-

성교에 있어서 도덕성은 자기보존의 명령을 무조건 제한합니까?

-

도덕명령은 한편으로 생식에 대하여, 다른 한편 자기보존에 대하여 경외심으로 가득 찬 두려움을 요구합니다. 순결에 대한 도덕적 명령이 강하게 수행된다면, 아마도 위험이, 더 나아가 생의 파괴가 감돌 것입니다. 도덕법칙은 자연법칙이 아니라 이성법칙입니다. 그리고 도덕법칙은 자신의 엄격성에 대한 자연스러운 결과를 염두에 두지 않습니다. 인류의 성의 현재와 미래에 대한 고려 없이 도덕법칙은 개인에게 의뢰합니다. 단지 의미 있는 것은 그 자체가 모순일 수 없습니다. 다시 말해 성적 도덕성이 파괴된다면 그 도덕성은 도덕적이지 않고 무의미한 것입니다. 도덕성은 자주 자연과 투쟁하지만 결코 자신과 투쟁하지 않습니다. 자기보존은 생식만큼 도덕적으로 중요합니다. 성교가 생식뿐만 아니라 자기보존을 의미한다면, 하나의 도덕적 관심은 다른 하나의 도덕적 관심을 제한해야 합니다. 그리고 생식작업에 대한 존경은 자기 훼손의 금지에 대한 도덕적 한계를 발견합니다. 따라서 첫째, 만일 성적 만족이 삶의 조건이라면 내가 육체적-정신적으로 훼손될 때까지 절제하지 않을 것입니다. 둘째, 그렇지 않고 만일 성적 만족이 삶의 조건이라는 사실을 의심한다면, 나는 양심적으로 나를 실험해보아야 하고 최고의 지식과 양심에 대한 물음에 스스로 답해야만 합니다. 끝으로, 만일 성적 만족이 삶의 조건이 아니라면 부부의 생식만이 삶의 조건으로 유일한 방법입니다. 그러나 만일 삶이 유희에 있다면, 부부의 성적 만족은 생식적 작용을 도외시하더라도 도덕적으로 금지되지는 않습니다. — 제어할 수 없는 방탕도 무모한 금욕도 결코 도덕적이지 않습니다. 파멸 없이 내가 도덕적으로 행동할 수 없다면 나는 멸시당할 것이고 굴욕적인 삶보다 죽음을 택할 것이 분명합니다. 그러나 어떠한 도덕법칙도 삶의 성스러움보다 생식의 성스러움에 가치를 두지 않을 것입니다.

072

-

법이 성적 만족을 오로지 부부에게만 허용한다면 도덕적으로 어떤 결과가 나옵니까?

-

우리가 이 법을 가능케 하고 또한 요구하는 환경을 조성해야 한다는 사실입니다. 예를 들어 경제적인 독립을 가능한 한 빨리 하기 위해 기나긴 학업기간을 단축하는 환경을 조성해야 합니다. — 서로의 성에 대한 존경이 높으면 높을수록, 절제는 더욱더 수월합니다. 절제는 욕구를 더욱더 강화시키는 진기한 성의 향유보다 덜 위험합니다. 여자의 단순한 향락이 심각한 범죄와 동일하게 여길 만큼 남자의 도덕성이 높아진다면, 우리는 도덕적 불가능으로 간주한 살인처럼 곧바로 향락을 중지할 것입니다. 가능성이 쉬운 표상은 유혹적인 모습들을 생산합니다. 성적 만족에서 영웅적 행위를, 그리고 순결에서 어떤 비남성적인 것을 보는 유일한 '친구'는 자신의 경솔한 예를 통해 자신의 동료를 도덕적으로 타락하게 만듭니다. 그러나 만일 언제나 자극된 충동이 부식된다면, 충동의 불만족은 이로 인해 건강을 해칠 것입니다.

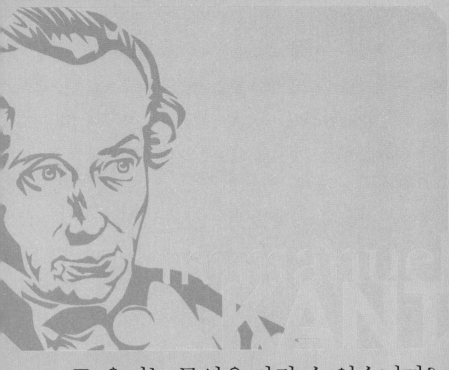

II. 우리는 무엇을 바랄 수 있습니까?

073

—

우리의 이성은 어떤 두 영역을 알고 있습니까?

—

이성은 감각세계의 자연영역과 감각으로 더 이상 인식하지 못하는, 감각세계를 뛰어넘은 영역을 알고 있습니다.

074

-

이성이 어떻게 자연 너머의 영역을 지배하고 있습니까?

-

이성은 지식을 통해 지배하는 것이 아니라 도덕적 행위를 통해 지배합니다. 이런 행위를 위해 이성은 자기 확신과 자신에 대한 믿음을 필요로 합니다.

075

-

이성의 믿음과 그 밖의 다른 신앙은 무엇을 통해 구별됩니까?

-

다른 신앙의 가르침은 자신의 신앙을 도덕성의 믿음보다 상위에 두고 우선권을 줍니다. 예를 든다면, 이 가르침은 신앙을 전제하고 이를 근거로 비로소 도덕법칙을 승인합니다. 이에 반해 이성의 믿음은 도덕법칙에 근거합니다. 도덕적으로 행동하십시오! 그러면 믿게 될 것입니다.

076

-

우리는 믿음을 위해 도덕적으로 의무를 지니고 있습니까?

-

아닙니다. 믿음은 자유입니다. 믿음은 의무가 아닙니다. 우리가
자신의 의무를 다한다면 그것으로 충분합니다. 그러나 우리가
도덕적으로 행동한다면, 우리는 스스로 경건하게 믿게 될 것입
니다.

077

-

도덕법칙은 믿음을 금지합니까?

-

도덕법칙은 진리를 요구합니다. 따라서 인식이 감각으로 가능한 한, 도덕법칙은 믿음을 금지합니다. 감각인식의 경계에서는 강요된 믿음도 금지된 믿음도 아닌, 허락된 그리고 허용된 믿음이 비로소 시작됩니다. 이곳에서는 인식이 감각으로 불가능합니다. 따라서 인식으로서의 진리추구는 여기에서 더 이상 제공되지 않습니다. 오로지 믿음만이 허용됩니다.

078

-

어떤 종류의 믿음이 허용됩니까?

-

우리의 고유한 정신과, 이성의 초감성적인 힘과, 도덕법칙에 근거한 믿음입니다. 이 믿음은 도덕법칙에 상응해야 합니다. 의무는 비록 아니지만 우리는 이로써 믿음의 정당성을 유지합니다. 이 믿음은 증명되지 않고 단지 정당화될 뿐입니다. 믿음은 우리가 인식하는 최고의 존경에 기초하며, 법을 제정하는 이성의 초감성적인 숭고함에 기초합니다. 믿음은 정신의 믿음이며, 초자연적인 이성존재의 믿음이며, 영원한 이성법칙의 초감성적인 세계필연성에 대한 믿음입니다.

079

-

도덕법칙의 요구는 우리의 행복을 부정하려고 합니까?

-

아닙니다. 광신자는 행복을 잘못 생각합니다. 그러나 도덕법칙은 우리의 감각적인 행복을 매우 제한합니다. 도덕법칙은 행복의 일정한 희생을 요구합니다.

080

-

도덕법칙은 우리에게 어떤 보상도 약속하지 않고 이런 희생을 요구
할 수 있습니까?

-

결코 아닙니다. 도덕법칙은 스스로의 거짓에 자신을 처벌할 것
입니다. 약속은 도덕법칙의 요구에 상응해야 합니다. 이런 희망
은 이성이 자기 자신을 믿는 것처럼 명백한 근거를 가지고 있습
니다.

081

이런 희망, 이런 약속은 어떤 것들입니까?

첫째로, 우리의 이성적 존재의 불멸입니다. 왜냐하면 도덕법칙은 우리가 언제나 도덕적이기를 명령하고, 이성을 통해 점차 자연을 극복하고 지배하도록 명령하기 때문입니다. 그런 까닭에 도덕법칙은 우리가 시간과 죽음을 초월하여 영원할 수 있도록 약속합니다. 영원성은 나의 것입니다. ─ 둘째로, 도덕법칙은 우리에게 모든 행복을 약속합니다. 우리가 도덕법칙의 한계 내에서 자신과 다른 사람을 행복하게 한다면, 우리는 행복의 진정한 가치를 가지게 됩니다. 도덕법칙은 비록 인식할 수 없는 자연 너머의 세계이지만 도덕적으로 획득된 가치(가치 없는 것)와 이에 상응하는 행복(불행)이 서로 결합되어 있음을 약속합니다. ─ 셋째로, 우리는 비록 다음의 사실을 확신할 수는 없지만 적어도 믿고 희망해도 좋습니다. 우리의 도덕적 가치를 인식할 뿐만 아니라 우리의 존엄성에 걸맞게 행복을 실현시킬 수 있는 전지전능한 최고의 재판관, 즉 최고의 존재로서 신이라고 불리는 이성이 존재하고 있습니다. ─ 이것들은 학문적으로는 증명될 수 없지만 도덕적 행위를 통해 증명될 수 있는 세 가지의 확신입니다. 이런 믿음은 결코 증명된 진리는 아니지만 도덕적으로 정당화됩니다. 우리는 감각을 통해 자연 너머의 세계로 갈 수 없습니다. 그러나 도덕법칙은 우리에게 이런 믿음들을, 즉 정의와 영혼불멸과 신에 대한 희망을 허용하고 그리고 도덕행위를 통해 도덕법칙에 따라 감각세계를 개조하는 자유로운 힘에 대한 희망을 허용합니다.

082

—

그렇다면 이제 어떤 세계가 표상될 수 있습니까?

—

거짓말, 비방, 속임, 폭력, 패륜이 더 이상 자리 잡지 못하는 세계입니다. 여기에는 더 이상 민족, 국가, 조국, 종족, 계급의 대립은 사라지고 단지 도덕적인 인간과 비도덕적인 인간의 대립만이 있습니다. 제거될 수 없는 전쟁은 극도로 제한될 것입니다. 심성의 순수성이 회복되어 우리는 이성의 법칙을 기분이나 이익 때문이 아니라 지속적인 존경 때문에 따를 것입니다. 모든 인간이 하나가 될 수 있는 믿음이 나타납니다.

083

—

일반적인 신앙과 이성적 믿음은 무엇을 통해 구별됩니까?

—

일반적인 '계시적' 신앙은 우리에게 외부로부터 접지(接枝)되고 습관화됩니다. 이성적 믿음은 진리처럼 통찰됩니다. 이 믿음은 감각을 통해 알려진 자연인식에 기초하지 않을 뿐 아니라 소망, 두려움, 희망, 경향의 힘에도 기초하지 않습니다. 믿음은 이 모든 것을 도덕법칙에 기초하고 있습니다.

084

-

도덕목적은 도덕수단처럼 인식될 수 있습니까?

-

아닙니다. 도덕목적이 인식될 수 있다면, 우리는 목적 때문에 법칙의 존중으로부터 도덕적으로 자유롭게 행동하지 못합니다. 목적은 감각세계 너머에 있습니다. 우리는 도덕적으로 행동하려는 노력이 가치 있음을 믿습니다.

085

-

감각적 자연 내지 자연적 경향성은 나의 이성보다 믿을 수 없습니까?

-

이성은 자연을 인식하고 지배할 수 있는 법칙, 즉 영원한 형식을 산출합니다. 우리의 이성은 경향성을 거부하는 가운데 자신의 법칙을 추종하려고 노력합니다. 우리에게 알려진 최고의 존재 형식인 법칙은 인식될 수 있는 전체세계에 확고한 질서를 부여합니다. 그리고 이 법칙은 인식될 수 있는 전체세계만큼이나 활동적이고 효과적입니다. 따라서 믿음의 저울은 의심의 저울보다 훨씬 무겁습니다.

086

-

도덕법칙의 확실성에 대한 궁극적인 근거는 무엇입니까?

-

자연은 단지 현상이고, 인식될 수 없는 어떤 존재가 감각적으로 시간과 공간 속에서 작용하는 활동입니다. 이에 반하여 법칙의 개념은 공간과 시간 그리고 현상을 뛰어 넘어 영원합니다. 이것은 감각이라 아니라, 정신으로 인식될 수 있습니다. 또한 이것은 수동적인 것이 아니라 정신의 활동력에 근거합니다. 그런 까닭에 인간은 육체로서, 현상으로서만이 존재하는 것이 아니라 정신적인 인격체로 존재합니다. 따라서 법칙은 자연만큼이나 확실합니다.

087

-

신은 존재합니까?

-

도덕적 인간은 이렇게 물어서는 안 됩니다. 이곳에는 오로지 도덕적 필요만이 문제입니다: 내가 도덕적인 필요를 원한다면, 나는 신을 믿어도 좋습니다. 그것은 나에게 도덕적으로 자유롭습니다. 신을 믿는 것은 허용됩니다. 가장 깊숙한 내면의 의식이 우리에게 다음과 같이 말합니다. 즉 순수한 도덕적 최고 존재를 생각하는 것은 결코 금지될 수 없다. 이 전제는 도덕적 행위를 수월하게 하고 또한 촉진시킵니다. 이곳에서 우리는 금지나 명령을 발견할 수 없고 오로지 허용만을 발견할 수 있습니다. 신의 믿음은 이성의 유일하고 순수한 권리입니다. 그러나 이 권리는 의무에 상응하지 않습니다. 신의 믿음은 도덕법칙이 허용을 승인한 유일한 예외입니다.

(역주: 칸트는 인간이 신의 존재를 인식할 수 없지만 도덕법칙의 실행을 위해 신을 필연적으로 요청해야 한다고 강조한다.)

088

-

이 예외는 무엇을 의미합니까?

-

우리가 신의 믿음 속에서 진리에 가능한 가까이 다가갈 수 있다는 의미입니다. 우리가 이성적이고 더 나아가 이성을 초월한 신을 믿는다면, 여기에서 우리는 법칙과 자연을 초월하고 두 영역이 서로 결합하는 비밀을 만날 수 있습니다. 즉, 우리는 가장 높은 세계영혼의 현존을 확인합니다.

089

—

왜 신은 은폐합니까?

—

신은 우리를 강요하지 않습니다. 신은 자기 자신을 찾도록 우리에게 맡겨둡니다. 그는 우리를 자유롭게 합니다. 그는 우리가 어떤 존재이고 무엇을 인식하는지 우리 자신이 스스로 노력하도록 합니다. 우리의 행동은 신적인 도덕법칙의 영광 속에서 자유로운 통찰을 통해 규정되어야 합니다.

090

-

우리는 창조적인 세계영혼을 어디에서 발견합니까?

-

우리가 감각세계 속에서 세계영혼을 찾는다는 것은 부질없는 일입니다. 우리는 이것을 도덕적 입법을 어마어마하게 에워싸고 있는 곳에서 발견할 수 있습니다. 이곳은 우리의 고유한 존재와 자연이 하나가 되는 곳입니다. 이를 위해 세계영혼은 두 영역 사이에 연결이 필요하다고 생각합니다. 이 연결은 존엄과 행복의 일치에 기인합니다.

091

-

왜 우리는 인식의 한계를 갖게 됩니까?

-

자연 너머의 영역이 우리에게 열려 있다면, 우리는 자유로부터 도덕적으로 행동할 수 없을 것입니다. 영원의 끊임없는 눈길이 자유와 도덕법칙의 존경심에서 행동해야 할 것을 자기애自己愛로부터 행동하게끔 충동할지 모릅니다. 우리는 자신의 힘을 통해 도덕적으로 완성할 수 없고 오히려 법칙에 따라 움직이는 일종의 기계가 될지 모릅니다. ― 그리하여 우리의 부족함과 고통이 도덕적 정당성을 발견할지도 모릅니다. 이러한 한계 없이 우리는 자신의 힘을 통해 도덕적으로 완성할 수 없을 것입니다. 우리가 되고자 하는 것을 우리 스스로의 힘으로 이룩해야 한다는 것이 신의 의도입니다.

092

-

영혼은 무엇입니까?

-

영혼은 이성적 인격체이며, 세 가지 원초적인 특성을 가지고 있습니다. ① 영혼은 인식하는 존재로서 인식됩니다. ② 영혼은 자신의 활동방식을 도덕법칙으로 인식합니다. ③ 영혼은 본성적으로 애착이나 혐오와 확고한 관계를 맺고 있습니다. 영혼 속에서 도덕법칙과 자연은 서로 투쟁하고, 도덕법칙은 자연의 저항 속에서 도덕적 요구를 끌어 올립니다. 영혼은 생각하고, 느끼고, 하려고 합니다. 우리는 영혼을 도덕적 예술품으로 형성시켜야 하며, 그리하여 맹목적인 자기애를 뛰어 넘어 도덕의 우수성을 끊임없이 야기해야 합니다. 자연적 충동과의 투쟁으로부터 비로소 도덕적 힘은 성장합니다. 도덕적 연습 없이 그것은 불가능합니다.

093

-

도덕적 완성과 영혼의 신성은 언젠가 이루어집니까?

-

그것은 단지 노력을 바라는 도덕법칙의 요청에는 없습니다. 신성은 도달되지 않고 추구될 뿐입니다. 그러나 도덕법칙은 도덕적 완성의 무한한 상승을 보장하고, 그런 후 이 상승의 조건, 즉 이성적 존재의 불멸을 보장합니다.

094

-

무엇을 통하여 영혼의 불멸성이 보장될 수 있습니까?

-

내가 모든 도덕적 노력을 다한 후 죽는다면, 도덕법칙은 나에게 더 이상의 노력을 요구할 수 없습니다. 도덕법칙의 요구가 영원하고 무조건적인처럼 도덕법칙의 보장도 영원하고 무조건적입니다. 초시간적인 나의 존재는 도덕법칙의 초시간적인 요구와 상응합니다. 이 희망이 도덕적인 법칙의 준엄성을 정당화할 것입니다. 도덕법칙이 나에게 도덕적 고양을 무조건적으로 요구할 때, 이것은 나에게 도덕적 고양을 무한하게 약속합니다. 만일 영혼이 죽는다면 이러한 요구는 옳지 않습니다. 따라서 영혼은 죽지 않든지 아니면 도덕성은 속임수이거나 무의미하거나 미신이든지일 것입니다.

(역주: 칸트에 의하면 우리는 영혼이 불멸한지 결코 인식할 수 없지만 도덕법칙의 실천을 위해 영혼의 불멸을 요청해야 한다.)

095

-

영혼 불멸성의 믿음은 자연적 공포와 희망과 연관되어 있습니까?

-

결코 아닙니다. 불멸은 도덕적인 사람을 위한 것입니다. 희망보다 오히려 두려움 때문에 나오는 번뇌와 싸워서 끝없이 승리하는 도덕적인 사람은 영원히 현존합니다. 불멸성의 믿음은 결코 죽음의 부정에서 나오는 것이 아니며, 살기 위한 자연적 성향에서 나오는 것이 아닙니다. 우리는 아마도 두려움 때문에 오히려 생의 마감을, 궁극적인 죽음을 원할 수 있습니다. 공포와 희망은 우리에게 자연적인 삶의 유지를 촉진시켜 주지만 결코 불멸을 촉진시키지 않습니다. 공포와 희망은 불멸의 신앙과 마찬가지로 죽음과 결코 화해하지 않습니다. 이에 반하여 도덕성은 자연법이 물질존속을 보장하는 것보다 더 확실하게 그리고 더 좋게 영혼불멸을 보장합니다.

096

—

우리는 무엇을 통해 신의 왕국으로 다가갈 수 있습니까?

—

관습으로 내려온 계시적 교회신앙으로부터 점차적으로 이성신앙의 왕권으로 이행함으로써 신의 왕국으로 다가갈 수 있습니다.

097

-

이성신앙이란 무엇입니까?

-

의무를 신의 명령으로 인식하는 것입니다.

098

-

우리는 이미 자행된 죄를 자기학대를 통해 용서해야 합니까?

-

아닙니다. 그것은 쓸데없는 노력입니다. 단순한 참회를 통해 죄가 없어지지 않습니다. 우리는 늦지 않게 곧바로 착한 품행의 마음을 가집니다. 우리는 개선을 위한 노력을 배가시킵니다.

099

-

우리는 기도를 해야 합니까?

-

내면의 제식으로, 그리고 은총의 수단으로 간주된 기도는 미신
적인 망상입니다. 그것을 통해 도덕적으로는 아무것도 이루어
지지 않습니다. 신은 내면적 심성의 고백을 요구하지 않습니다.
기도정신의 진정한 소망은 신의 뜻에 따르는 것입니다. 이런 소
망은 끊임없이 우리에게 일어나야 하고 일어날 수 있습니다. 이
런 소망은 말이 없습니다.

100

-

양심의 근거, 즉 순수한 모든 믿음의 근거는 무엇입니까?

-

정직성입니다. 당신이 비록 진리를 모두 말할 필요는 없을지라도, 당신이 말하는 것은 모두 진리성이 있어야 합니다. 정직성의 결핍은 거짓을 부추깁니다.

101

-

모든 광신은 어떤 생각에서 일어납니까?

-

인간이 신의 뜻을 따르기 위해 착한 품행 이외에 다른 무엇을 할수 있다는 잘못된 생각에서 광신은 존재합니다. 신앙에는 모든 것이 행동에 달려 있습니다. 참된 삶을 이끌어가는 좁은 문과 좁은 길은 착한 품행입니다. 많은 사람이 걸어가는 넓은 문과 넓은 길은 교회입니다. 예배를 통해서가 아니라 훌륭한 품행을 통해서 신을 본래적으로 섬기는 것입니다. 신앙은 자유이고, 도덕적 품행은 신적 기도이고 의무입니다.

102

—

우리는 무엇을 통해 교의教義의 신성을 인식합니까?

—

우리 자신 속에 있는 신을 통해서 신성을 인식합니다. 우리는 지성과 이성을 통해 함께 말하는 사람 이외에는 어떤 누구도 이해하지 못합니다. 신성이 순수하고 도덕적이며 교의를 통해 기만하지 하지 않는 한, 우리는 우리에게 선포된 교의의 신성을 우리의 고유한 이성개념 이외에 다른 어떤 것을 통해서도 파악하지 못합니다.

103

-

얼마나 많은 신앙고백이 있습니까?

-

참되고 순수한 이성신앙으로부터 역사적으로 잘못 이탈된 수많은 신앙들이 있습니다. 그러나 신앙은 단 하나의 이성신앙뿐입니다.

104

-

신성은 자행된 잘못을 용서합니까?

-

아닙니다. 맹목적이고 비이성적인 신성은 오류의 원천입니다. 본질적으로 항상 잘못될 수 있는 의식과 연계된 단순한 신앙은 이성과 투쟁할 수 있습니다. 교회가 찬양하고 있는 모든 발전은 계시에서가 아니라 이성에서 나온 것입니다. 불합리하게 판단하는 사람은 습관적으로 신과 성경에 호소합니다. 그러나 단호한 정직성에서 볼 때 오로지 계시적인 모든 신앙교의는 이성적인 신앙교의와 구분됩니다. 정직성은 오로지 이성의 호소만으로 충분합니다.

105

-

무엇이 참된 교회입니까?

-

참된 교회는 인간을 통하여 도덕왕국이 발생할 수 있는 만큼, 신의 도덕왕국이 땅위에 표현한 것입니다.

106
-

참된 교회의 특성은 무엇입니까?

-

① 무분열성, 보편성, 통일성. ② 순수성: 미신의 우둔함과 열광적 광신으로부터의 정화, 도덕적 동인으로의 통일. ③ 모든 구성원 간의 자유, 그리고 국가로부터의 교회의 자유. ④ 본질적 불변성. ― 참된 교회조직은 한 사람의 지배자(교황)나 귀족이나 민족에게 있는 것이 아니다. 그것은 하나의 가족이며, 눈에 보이지 않는 도덕적 신의 가족 공동체입니다.

107

-

모든 참된 신앙의 필수적 조건은 무엇입니까?

-

순수한 도덕적 입법입니다. 이 입법을 통해 신의 의지가 근원적
으로 우리의 가슴 속에 새겨집니다.

108

-

우리는 도덕적인 선을 위에서부터 천부적으로 부여받은 것으로 마냥 기대해야 합니까?

-

—더 높은 도덕적 영향은 부족한 자신의 도덕적 성향을 보충한다는 잘못된 믿음에서— 주어진 재능으로서 인간의 본성에 자리 잡고 있는 자연적 소질을 선하게 사용하지 않는 사람은, 자연적 소질로 인해 할 수 있었던 선함을 게으름 때문에 스스로 하지 못하는 그런 위험 속에 빠지게 됩니다.

109

-

경건성의 가르침은 도덕적 노력의 목적입니까 또는 수단입니까?

-

이것은 도덕적 심성을 강화하기 위한 수단입니다. 이에 반하여 덕의 도덕적 개념은 인간영혼에서 나온 것입니다. 덕의 가르침은 신이라는 개념 없이 스스로 존립합니다. 도덕적 원리를 통해 커다란 장애를 극복할 수 있다는 자각 속에서, 자기의 도덕적 존엄성 속에서 신성에로 인도하는 것이 있습니다. 이에 반하여 세계지배자의 개념은 우리로부터 여전히 멀리 떨어져 있습니다. 우리가 도덕적 품행이 아니라 신의 경배에 사로잡혀 있다면, 우리의 용기는 쉽게 꺾일 것이고 그리고 경건성은 비굴과 아첨으로 굴복될 것입니다. 자신의 발로 서 있는 도덕적 용기는 경건성의 가르침을 통해 보완되고 강화됩니다. 경건성은 덕의 시작이 아니라 덕의 완성, 즉 최종적인 성공의 희망을 지닌 우리의 선량한 모든 목적의 대관戴冠입니다.

110

-

양심이란 무엇입니까?

-

양심이란 자기 자신에 대한 의무를 의식하는 것, 즉 자신의 행동의 도덕성과 비도덕성을 내면 깊숙이 깨닫는 것입니다. 내가 한 행동이 옳다는 의식은 무조건적인 의무입니다. 그러나 우리는 유감스럽게도 비록 어렵지만 훌륭한 도덕적 봉사자가 되는 대신에 신의 은총을 통해 하늘의 특별한 총아가 되는 것을 오히려 더 꿈꿉니다. 올바른 길은 은총으로부터 덕으로 나아가는 것이 아니라 덕으로부터 은총으로 나아가는 것입니다.

III. 우리는 무엇을 알 수 있습니까?

111

-

우리는 무엇을 알려고 합니까?

-

진리입니다. 우리는 전체 세계에 대한 진리를, 그리고 그것의
수수께끼를 풀려고 합니다.

112

-

따라서 우리는 진리를 발견하기 위하여 무엇을 피해야 합니까?

-

오류를 피해야 합니다. 의도되지 않은 오류와 거짓이라 불리는 의도된 오류를 모두 피해야 합니다. 우리는 모든 힘을 다하여 자기기만과 다른 사람의 기만을 피해야 합니다.

113

-

무엇보다 궁극적인 진리에 도달하는 것은 어렵습니까, 아니면 쉽습니까?

-

그것은 특별히 어렵고 더욱 고통스러운 길입니다. 무엇보다도 궁극적인 진리는 매우 머나먼 목적입니다. 그러나 가장 가까이 놓여 있는 것으로부터 그리고 우리를 둘러싸고 있는 자연의 현실성으로부터 우리는 여행을 시작할 것입니다. 이 길은 아마도 우리를 마지막으로 모든 자연을 초월하게 할 것입니다. 그런 후에 우리는 어떻게 행동해야 할지를, 또한 우리가 지식과 행위에서 진리를 파악한다면 무엇을 바랄 수 있을지 경험할 것입니다.

114

-

이 길을 인도하는 가장 믿을 만한 안내자는 누구입니까?

-

이마누엘 칸트입니다.

115

-

왜 그렇습니까?

-

그는 진리를 성실하게 증명했기 때문입니다. 그리고 모든 것을 성취하든지, 그렇지 못한다면 아무 것도 성취하지 않겠다고 우리에게 약속했기 때문입니다. 또한 그는 맹목적으로 믿음을 강요하지 않고, 오히려 우리에게 자신의 이론에 대한 검사와 확실한 의문을 제기하고 있기 때문입니다. 그 밖에도 그는 인식의 본질을 가장 예리하게 알고 있었기 때문입니다. 그러나 우리는 이 안내자의 가치를 먼저 평가하지 말고, 이 길의 종점에서 평가합시다.

116

-

우리는 어떻게 지식에 도달합니까?

-

알지 못하는 것을 질문하면서, 이를테면 우리가 지금까지 해왔던 것처럼 물음과 대답을 통해서 지식에 도달합니다. 수수께끼는 물음입니다. 풀이는 대답입니다. 우리는 올바르게 대답하기 위해서 올바르게 물음을 던져야 합니다. 올바르게 묻는 것은 쉽지 않습니다. 우리가 점차적으로 명확하게 파악하기 전에는 우리는 종종 수수께끼를 암흑처럼 느낄 것입니다. 우리가 올바르게 질문할 때에야 비로소 우리는 대답을 할 수 있습니다.

117

-

누가 알려고 합니까? 누가 묻습니까? 누가 대답합니까?

-

우리의 머리와 우리의 뇌입니다. — 더 정확하게 표현하면 우리의 고유한 인식함, 우리의 정신, 우리의 지성과 이성입니다. 우리의 인식함은 자기 자신을, 자기존재의 수수께끼를, 세계의 수수께끼를 묻습니다. 우리의 정신은 다양한 세계의 통일이며 중심점입니다. 우리는 자신의 비밀, 영혼의 비밀, 또는 세계의 비밀을 묻습니다. 세계인식을 위한 길은 자기인식 없이는 갈 수 없습니다.

118

-

예를 들면 이곳에서 첫 번째의 어려운 질문이 발생합니다. 이 현실 세계가 참되며 실재입니까? 또는 이것을 의심하는 것은 잘못입니까? 이러한 의심은 무의미한 것입니까?

-

물음과 의문은 진리 자체가 아니며, 단지 진리의 전초전입니다. 우리는 세계의 실재성을 의심합니다. 왜냐하면 우리는 이 실재성을 아직 진리라고 증명할 수 없기 때문입니다. 세계는 확실하게 실재합니다. ― 그러나 우리는 이 확실성을 어떻게 입증할 수 있습니까? 우리가 안다고 믿고 있는 곳에서 결코 오류를 범하지 않는다는 것을 어떻게 증명합니까?

119

-

우선적으로 우리가 탐구해야 할 것은 무엇입니까?

-

우리의 인식이 진리를 확립할 수 있는지, 그리고 오류로부터 우리를 지킬 수 있는지 우선적으로 탐구해야 합니다. 이것이 인식의 수수께끼를 푸는 가장 중요한 물음입니다. 바로 이곳에서 인식함은 자기 자신을 의심하고, 자기 자신을 검사합니다. 인식함은 자기 자신을 더 이상 맹목적으로 믿지 않습니다.

120

-

우리는 무엇을 통하여 자연적 사물을 인식합니까?

-

우리의 감각기관인 눈, 귀, 혀, 코, 손을 통해서 인식합니다.

121
-

이것은 진리입니까?

-

아닙니다. 왜냐하면 우리는 감각기관을 통해서 오로지 우리 자신의 감각 이외에 어떤 것도 알 수 없기 때문입니다. 사과의 맛, 냄새, 촉감 및 모양 등은 사과 자체가 아닙니다. 우리가 사과로부터 갖고 있는 감각은 사과에 속한 것이 아니라, 우리 자신이나 우리 영혼에 속한 것입니다. 동일한 사과이지만 그 사과에 대한 당신의 감각과 나의 감각은 서로 다릅니다. 추운 지방에서 온 사람은 당신에게 추운 방을 따뜻하다고 합니다. 우리의 감각은 우리의 내부 세계에 속합니다. 예를 들어 태양은 우리가 보는 태양의 모습보다 측정할 수 없을 만큼 실제로 큽니다. 나는 태양을 보는 것이 아니라 오로지 태양의 시각적 모습만을 봅니다. 따라서 나는 동일한 물체를 먼 곳보다 가까운 곳에서 더 크게 봅니다. 보여진 태양은 나의 눈과 태양 사이에 있습니다.

122

-

그렇다면 우리는 물체를 어떻게 인식합니까?

-

이에 대하여 이제 우리는 지성을 갖고 추적해야 합니다. 우리는 자신의 감각뿐만 아니라 감각에 상응하는 물체를 사실 인식하고 있습니다. 그러나 우리는 이 비밀스러운 사실의 근거를 모릅니다. 나는 감각에 어떤 것도 덧붙여서 물체를 생각하지 않습니다. 나는 나의 맛에 어떤 것을 덧붙여서 생각된 것을 마시는 것이 아니라, 소박하게 현실적인 물을 마십니다. 우리가 만일 물체를 덧붙여 생각한다면, 우리는 끊임없이 물체에 대하여 오류를 범할 수 있을 것입니다. 그러나 우리가 물체를 감각하기 이전에 물체가 거기에 있다는 것을 받아들입니다. 우리는 물체가 우리 감각을 야기하고 있다는 것을 전제하고 있습니다.

123

—

우리 자신의 신체가 물체 안에 있음에도 불구하고, 우리가 어떻게 물체의 현존을 직접적으로 감각합니까?

—

이것은 비록 탐구하기 어려운 수수께끼처럼 보이지만, 우리는 이것을 설명하기에 앞서 우선 이것을 사실로서 솔직하게 인정해야 합니다. 우리가 단순한 감각 너머에 존재하고 있는 물체의 직접적인 인식을 확실하게 의식하고 있다는 것은 사실입니다. 이 사실이 바로 수수께끼를 풀 수 있는 매개입니다. 인식을 오로지 감각으로부터 도출하고 있음에도 불구하고, 감각이 단지 덧붙여 생각한 물체에 의해 야기된 것으로 간주하는 사람은 앞의 사실을 부정하고 스스로 모순을 저지르고, 물체의 자리에 사유를 대신합니다.

124

-

그러나 우리는 무엇 때문에 '왜'라는 물음을 던집니까?

-

인식의 새로운 수수께끼 때문입니다. 물체는 감각의 원인입니다. 나의 감각은 원인의 결과입니다. 어떤 것이 발생하면 우리는 그 원인을 찾습니다. 연기가 나는 곳에는 불이 원인입니다. 우리는 물체 속에서 감각의 원인을 찾고 발견합니다. 그러나 인식과 더불어 감각을 뛰어 넘는 것이 어떻게 가능한가를 설명하려 한다면 우리는 수수께끼에 직면하게 됩니다. 인과성因果性은 사실로서 존재합니다. 그러나 이 사실은 수수께끼입니다.

125

-

우리의 인식은 실제로 오직 감각의 경험에만 기인합니까?

-

결코 아닙니다. 모든 변화는 그 원인을 가지고 있다는 인식은 틀림없이 확실합니다. 그러나 감각경험은 스스로 경험하고 있듯이 언제나 틀릴 수가 있으며 무조건적으로 신뢰할 수 없습니다. 이에 반하여 세계몰락은 그 원인을 갖고 있다는 것은 틀림없습니다. 단순한 감각경험으로부터 나온 인식은 개연적입니다. 그러나 인과성의 인식은 필연적이고 무조건적으로 확실합니다.

126

-

수많은 사건 중 원인을 알지 못하면서도 왜 우리는 인과성의 법칙을 확실하다고 간주합니까? 그 사건은 원인을 갖고 있음에 틀림없다는 것을 우리는 어디에서 확실하게 알 수 있습니까?

-

이 물음에 답하기 위해 우리는 감각을 통한 인식 이외에 감각경험과 독립해서 어떤 다른 종류의 인식을 갖고 있지 않은지를 연구해야 합니다. 우리는 이 특수한 인식의 가능성, 근거, 진리를 연구합니다. 그러나 우리는 이런 특수한 인식을 배울 필요는 없습니다. 왜냐하면 우리는 그것을 원천적으로 갖고 있기 때문입니다. 그리고 이것의 토대로부터 우리는 감각경험을 획득할 수 있습니다. 우리는 우리에게 모든 '자명한 것'의 진리에 대하여 문의할 것입니다. 왜냐하면 이 자명한 것에 수수께끼와 해답이 숨어 있기 때문입니다. 이마누엘 칸트가 바로 이것을 심도 깊게 연구했습니다. 그의 물음은 다음과 같습니다.

127

-

우리는 경험에서 배우지 않고, 따라서 원천적으로 어떻게 진리를 갖고 있을 수 있습니까?

-

우리의 인식능력은 우리의 감각을 매개로 배우고 경험합니다. 그러나 인식능력 자체는 감각을 통해 배우지도 경험하지도 않고, 오히려 모든 감각적 경험에 앞서 있으면서 감각적 경험을 인도합니다. 우리의 모든 감각적 경험은 우리의 정신과 이성의 명령에 종속되어 있습니다. 그리고 이 이성은 스스로 완결된 통일성을 형성하고 있습니다. 이마누엘 칸트는 바로 이 이성의 비밀스러운 존재를 확실하게 밝히고 증명했습니다. 이 증명은 매우 어려운 작업입니다. 감각경험 너머에 있는 물체의 현존에 관한 직접적인 지식의 비밀 앞에 무기력하지 않으려면 우리는 칸트에게서 배워야만 합니다.

128

—

예를 들어 감각경험의 질료로부터 독립된 우리의 지성에는 인과법칙 이외에 근원적으로 또 무엇이 있습니까?

—

무한한 공간과 무한한 시간, 이런 형식들, 이런 텅 빈 공허한 무無가 있습니다. 이 공허한 무 안에서 감각적 경험의 질료가 우리에게 나타납니다. 우리는 풍부한 경험을 통해서도 얻을 수 없을 정도로 공간과 시간에 대한 확실한 지식을 갖고 있습니다. 예컨대 공간과 시간이 무한하다는 것을 알고 있습니다. 또한 공간과 시간의 도형과 수의 법칙을 우리는 확실하게 알고 있습니다. 모든 물체는 공간 속에서 사라지지만 공간 자체는 사라지지 않는다는 것을 우리는 표상할 수 있습니다.

129

-

어떻게 이것이 가능합니까?

-

공간과 시간은 지성의 일부분과 도구로서 우리의 고유한 지성에 속합니다. 이것들은 우리에게 내재하고 있는 공허한 의식 이외에 아무 것도 아닙니다. 이것들은 인식하는 존재에 부착된 독특한 공허함의 감각들입니다. 이 공허함 속에서 감각들이 나타나고, 그리고 이를 통해 공간의 연장성과 시간의 지속성을 받아들입니다.

130

-

그러면 공간과 시간은 감각과 어떤 관계를 맺습니까?

-

감각 너머의 참된 어떤 것처럼 관계를 맺습니다. 예를 들면 감각은 공간 속으로 빠져 들어갑니다.

131

-

우리는 감각 너머에 있는 물체의 인식에 어떻게 도달하는지 이제 대답할 수 있습니까?

-

확실히 대답할 수 있습니다. 우리는 우리에게 속한 공간을 매개로 물체를 인식합니다. 물체들은 공간적으로 한정되고, 움직이는 공간들입니다. 이 공간들은 서로서로 싸우면서 공간 속에서 자신의 위치를 차지합니다. 공간과 시간은 인과성의 법칙처럼 감각의 영역으로 확장합니다.

132

-

인과법칙과 시공간성時空間性 사이에 어떤 차이점이 존재하고 있습니까?

-

공간과 시간은 감성적이며, 공허함의 감각들입니다. 이에 반하여 인과법칙은 감성적이 아닙니다. 그것은 감성인 것과 관계하고 감성적인 것을 정돈하는 사유입니다. 우리는 인과법칙과 같은 또 다른 사유가 있는지, 그리고 얼마나 많이 있는지를 추후에 탐색할 것입니다. 어쨌든 우리는 그러한 사유들과 함께 감성적인 것을 지배할 수 있다는 사실을 잊지 않습니다. ─ 우리는 물체를 직접적으로 인식합니다. 왜냐하면 우리는 물체가 나타날 수 있는 공간 자체를 직접적으로 인식하기 때문입니다.

133

-

우리가 물체를 인식하지 않는다면, 즉 물체에 공간이 없다고 생각한다면, 이제 물체에는 무엇이 남아 있겠습니까?

-

우리에게는 인식될 수 없는 나머지의 어떤 것, 즉 은폐된 사물이 있습니다. 이 비밀스러운 어떤 것이 우리의 인식함에 영향을 끼치고, 그 속에서 감각적 변화와 물체에 대한 감각적 인상을 불러일으킵니다. 은폐된 어떤 것의 작용이 우리의 공허한 공간을 물체로써 채웁니다. 공간 속에서 물체의 은폐된 원인은 비공간적입니다. 따라서 물체는 은폐된 사물의 현상일 뿐이지 사물 그 자체는 아닙니다.

134

-

당신은 딱딱한 물체와 충돌했을 때 무엇을 느낍니까?

-

고통입니다.

135

-

고통은 당신과 충돌했던 물체와 유사성을 갖고 있습니까?

-

아닙니다. 충돌과 물체는 원인이고, 고통은 이러한 원인과는 완전히 다른 결과입니다. 이와 동일한 방식으로 인식될 수 없는 사물은 우리가 감성적으로 지각될 수 있는 표상의 원인입니다. 인식될 수 없는 원인이 우리의 공허함에, 즉 공간에 작용하고 그리고 물체로 공간의 공허함을 채웁니다. 그러나 이것은 고통과 충돌과의 인과관계와는 유사하지 않습니다. 왜냐하면 저 원인은 충돌처럼 인식될 수 있는 것이 아니라, 비밀로 남아 있기 때문입니다.

136

-

물체는 공간 이외에 어떤 공허한 감각 속으로 빠져 들어갑니까?

-

시간의 공허한 감각 속으로.

137

-

시간은 물체에게 무엇을 제공합니까?

-

지속성입니다.

138

-

무슨 까닭으로 거울 속의 광경이, 공간과 공간 속에 나타나는 모든 감각이 우리에게 속해 있고 우리에게 부착되어 있으며, 그리고 우리가 없다면, 즉 인식하는 존재가 없다면 아무 것도 없다는 것을 증명합니까?

-

우리가 거울 속에서 보고 있는 거대한 공간은 하늘과 태양과 함께 의심할 여지없이 우리에게 속해 있습니다. 따라서 만일 저 비밀스러운 원인이 우리를 자극한다면, 거울은 우리가 전체의 현실성을 우리 자신의 존재로부터 산출한다는 기이한 진리를 우리에게 누설합니다. 원인은 결과와 다릅니다. 우리는 인식될 수 없는 원인의 결과만을 인식합니다. 그 결과는 자연으로서, 즉 다양한 감각현상들로서 우리 앞에 서 있습니다. 우리는 이 다양한 감각현상들을 사유를 통해 법칙에 상응하게 결합시킵니다. 그리하여 감각들은 공간과 시간 속에서 물체로 드러납니다. 이 물체는 우리 없이 그리고 우리와 독립한 어떤 것이 자신의 존재를 활동시킨 것입니다. 그러나 이 존재는 사실 인식될 수 없는 원인일 뿐입니다. 반면에 인식된 모든 결과는 우리 자신의 인식에서 생깁니다.

139

-

사물이 어떤 방식으로 우리에게 나타날 수 있는지 어떻게 설명될 수 있습니까?

-

두 가지 방식으로 설명될 수 있습니다. 첫째로는 우리가 인식하기 전에 우리와 독립해서 물체가 이미 존재하고 있으며, 이 물체가 현실적으로 존재하는 것처럼 우리의 표상능력으로 들어옵니다. 대부분의 사람들은 이렇게 생각합니다. 그러나 처음으로 칸트는 이것이 가상假像임을 간파했습니다. ― 그런 까닭에 둘째로는 인식될 수 없는 원인이 우리의 표상능력에 작용합니다. 그리고 이 원인과 표상능력의 공동 작업으로부터 제3자의 것, 즉 물체의 감각, 지각된 자연이 발생합니다.

140

-

이 두 가지 가능성 중 어느 것이 옳습니까?

-

두 번째 것이 옳습니다. 첫 번째 것은 잘못입니다.

141

-

왜 그렇습니까?

-

자연물체의 표상원인은 이 물체뿐만 아니라, 확실히 우리의 표상, 즉 우리의 인식능력입니다. 따라서 우리에게 지각된 자연은, 그것이 거기에 있는 것처럼 그렇게 우리의 인식 속으로 들어오는 것이 아닙니다. 오히려 그것은, 즉 우리에게 독립되어 인식될 수 없는 비밀이 우리의 인식력을 통해서, 따라서 우리의 사유와 단지 우리 인식의 도구인 시간과 공간을 통해서 우리가 지각하는 자연으로 변형된 것입니다. 확실히 우리가 없다면 원초적인 비밀만이 존재할 것이고, 이곳에서 우리에 의하여 지각된 자연은 결코 존재하지 않을 것입니다. 사물 자체를 직접적으로 지각했다고 믿는 사람은 자신을 기만하는 것입니다. 그는 결코 사물을 지각하지 못하고 오로지 자신의 표상 속에서 사물의 현상만을 지각합니다.

142

-

이를 통해 자연은 환상이나 꿈 내지 상상으로 되지 않겠습니까?

-

결코 아닙니다. 물체는 자신의 불변성을 유지하고 있습니다. 자연이 지속적으로 존재하지 않는다면, 우리는 자연을 결코 인식할 수 없을 것입니다. 자연의 확고한 현실성과 진리는 우리의 인식조건에 함께 속해 있습니다. 이와는 반대로 우리의 인식에 고유한 본질이 없다면, 그리고 우리의 인식이 완전히 물체에 의존한다면, 우리의 인식은 믿을 수 없는 우연성에 맡기게 됩니다. 그러나 자연은 비밀스러운 거울 속에 비치는 우리 인식의 반응일 뿐입니다(우리가 앞으로 논의하겠지만 이것은 엄격한 법칙의 반응입니다). 물론 이 비밀스러운 거울은 우리 인식의 도움으로 자연을 드러내는 사물들의 거울입니다.

143

-

우리는 인식을 통해 사물의 가장 내적인 본질을 파악합니까? 아니면 사물의 작용들 내지 사물의 현상들만을 파악합니까? 달리 표현하여 우리는 모든 것을 압니까? 아니면 우리는 사물의 본질 속으로 침투하지 못하는 단지 제한된 인식력만을 가지고 있습니까?

-

우리는 확실히 모든 것을 알지는 못합니다. 따라서 우리는 사물 그 자체를 직접적으로 인식하지 못합니다. 단지 우리의 이해 속에서 사물의 현상만을 인식합니다.

144

-

우리가 자연을 인식하는 것처럼, 자연도 우리의 인식능력 밖에서 존재합니까? 혹은 오로지 우리의 인식능력 안에서만 존재합니까?

-

자연이 우리의 인식능력 밖에 놓여 있다면, 우리는 그것을 단지 추론만 할 수 있을 뿐입니다. 그리고 이러한 모든 추론들은 의심될 것이고, 또 우리가 그런 자연을 실제 우리의 감각과 같은 물체로 직접 인식한다는 사실과 충돌합니다. 사물 자체는 우리의 인식으로 다가오지 못합니다. 단지 현상하는 자연으로서의 사물의 작용만이 우리의 인식으로 다가옵니다. 자연의 은폐된 원인은 우리의 인식능력에 영향을 끼칩니다. 그리고 우리가 사유를 통해 자연으로 파악한 감성의 변화들이 발생합니다. 그러한 전체 자연은 단지 우리의 인식 안에서만 존재합니다.

145

-

따라서 무엇이 진리입니까? 자연은 단지 감각의 현상입니까? 아니면 자연은 사물 자체의 본질입니까? 우리는 어떻게 그것을 재검할 수 있습니까?

-

우리는 이 문제를 추적할 것입니다. 우선 우리는 인식의 법칙과 경험의 사실을 확정합니다. 그리고 만일 우리가 자연을 우리 감각의 현상 이외에는 아무 것도 아니라는 것을 받아들인다면, 인식의 법칙과 경험의 사실이 설명될 수 있는지를 탐구합니다. 우리는 우리의 인식과 자연을 탐구할 것입니다. 인식의 법칙은 자연경험의 모든 가능성을 위한 전제조건입니다. 인과법칙이 없다면 우리는 아무것도 경험할 수 없습니다. 이 법칙이 없으면 자연은 불가능합니다. 다음의 3가지가 이러한 법칙에 속합니다. ① 감각현상들은 변화합니다. 그러나 이것이 변화하는 동안, 그 어떤 것은 이 현상 속에서 지속하고 또한 동일하게 머물고 있습니다. ② 확고한 규칙에 따라 모든 변화 속에서는 전자가 후자로 변화합니다. ③ 상호작용의 법칙: 변화는 스스로 발생하는 것이 아니라, 항상 인식될 수 있는 동기에서 발생합니다. 상호작용하는 다수의 지속된 자연물이 없다면 자연물은 지속할 수 없을 뿐만 아니라 변화할 수도 없습니다.

146

-

우리는 이 법칙의 진리를 어떻게 증명합니까? 그리고 법칙의 타당성 없이 자연은 우리를 위해 존재할 수 없다는 것을 어떻게 증명합니까?

-

기억이 없다면 그리고 지속적인 표상이 없다면, 우리는 변화하는 감각현상을 유지할 수 없고 오히려 잊어버릴 것입니다. 우리는 이 지속적인 표상을 개념이라고 부릅니다. 개념의 도움으로 나는 기억 속에서 사라지는 자연의 대상을 보존하고 다시금 인식할 수 있습니다. 예를 들어 만일 물이 내부로부터 스스로 금, 은, 동 등으로 변화할 수 있다면, 물의 개념은 나에게 아무런 쓸모가 없습니다. 나는 물의 개념을 통해 아무 것도 경험할 수 없을 것입니다. 물은 물로부터 얻어진 나의 개념을 언제나 거짓이라고 처벌할 것입니다.

147

—

그러나 내가 물의 개념을 포기하지 않는다면, 물이 어떻게 변화될 수 있습니까?

—

하나의 확고한 법칙에 따라, 즉 인식 가능한 원인에 따라, 예를 들어 물은 공기가 차가울 때 얼음으로 변화합니다. 이 변화의 법칙은 개념 속에 함께 수용됩니다. 만일 사물이 인식 가능한 원인도 없이 예측불가능하게 불규칙적으로 변화한다면, 우리는 기억의 상실로 인해 백치가 될 것입니다. 인식의 이러한 법칙은 자연 자체처럼 영원합니다. 전체 자연은 이 법칙의 타당성으로 존재하며, 만일 이것이 없다면 전체 자연은 추락합니다. 인식 가능한 자연이 없다면, 아무것도 존재하지 않습니다.

148
-

가장 보편적인 사유법칙은 무엇입니까?

-

우리가 개념을 매개로 올바르게 사유할 수 있기 위하여, 우리가 사유하는 동안에 개념은 동일하게 머물러 있어야 하고, 의미가 변화되어서는 안 됩니다. 개의 개념은 내가 명상하는 동안 고양이의 개념으로 변화되어서는 안 됩니다. 개념의 의미를 확정시킬 수 없는 사람은 사유할 수 없습니다.

149

-

인식의 본질은 무엇입니까?

-

인식은 개념과 대상의 일치입니다. 따라서 모든 변화에도 불구하고 개념과 대상은 그 의미와 본질에 있어서 지속되어야만 합니다. 그렇지 않다면 나는 아무것도 인식할 수 없습니다. 나는 사물에 대한 나의 개념 속에서 사물의 변화를 같이 받아들입니다.

150

-

이것은 무엇을 통해 가능합니까?

-

변화들은 확고한 규칙에 따라서 발생한다는 사실을 통해 가능합니다. 그렇기 때문에 고정된 동일성으로부터 자연은 생동하게 됩니다. 자연은 고정된 것이 아니라, 자신과 함께 변화합니다. 이 세 가지 법칙이 ―변화 속에서의 지속의 법칙, 규칙적인 변화의 법칙, 상호작용의 법칙이― 없다면, 우리는 자연을 전혀 인식할 수 없고, 기껏해야 혼란한 감각들을 얻을 뿐입니다. 간단히 말해서 개념의 동일성은 사유의 조건이고, 자연물의 동일성은 자연경험의 조건입니다. 말하자면 사유법칙은 여기에서 자연법칙으로 압축됩니다. 이러한 방식으로 우리는 더욱더 가까이 알게 될 것입니다.

151

-

그렇다면 자연을 인식하기 위한 최고의 전제조건은 무엇입니까?

-

우리가 사유할 수 있기 위해 개념이 의미를 지속시켜야 하듯이, 상태로서의 자연변화는 동일하게 지속적으로 머물고 있는 어떤 것과 결합되어 있어야 합니다. 그런 까닭에 비록 자연의 상태는 변화할지라도 자연 속의 어떤 것, 즉 재료나 힘은 사라지지 않습니다. 그렇지 않다면 자연은 인식될 수 없고, 더 나아가 존속할 수 없습니다.

152

-

감각을 통한 경험 이외에 경험을 가능하게 하는 확실한 인식이 실제로 존재합니까?

-

방금 증명된 것처럼 의심할 여지없이 확실히 존재합니다. 우리가 인식 전체의 범위에서 곧 알게 될 이 기본진리가 없다면 학문은 있을 수 없습니다. 우리의 정신은 가장 보편적인 지성에게도 논박될 수 없어 보이는 영원한 진리를 소유하고 있습니다. 따라서 오로지 감각의 경험만을 믿고 그리고 경험의 확실한 전제조건을 근거 없이 의심하는 사람은 모든 학문을 어둡게 합니다. 예를 들어 이미 언급된 인과성의 법칙, 변화 속에서의 지속의 법칙, 상호작용의 법칙 등과 같은 자명한 것을 의심하는 것은 학문의 합리성과 정확성을 거부하는 잘못이며, 지적으로 나타나기 위해 인위적으로 착종하고 잘게 나누었던 단순성을 거부하는 잘못입니다. 따라서 진리 자체에 대한 이러한 기본 의심에서 도덕적 오류의 허구성이 또한 발생합니다.

153

-

감각경험과 독립해서 감각경험을 가능하게 하는 우리의 근원적인 인식은 감각경험보다 시간적으로 앞서 나타나는 것일까요?

-

아닙니다. 오히려 우리의 근원적인 인식력은 시간적으로 앞선 감각경험을 통해 비로소 환기됩니다. 근원적인 진리는 감각경험과 동시에 함께 합니다. 근원적 진리는 감각경험을 완성하도록 도와주고, 따라서 다음의 사실을 확고하게 경험 속에 갖고 있습니다. 즉, 감각경험으로부터 각각의 진리들을 분리하는 것은 하나의 기술입니다. 이마누엘 칸트의 능력은 바로 여기에서 있습니다. 산소와 수소에서 물이 발생하듯이, 근원적인 진리와 감각현상에서 경험이 발생합니다. 이 경험을 통해 우리는 감각현상을 자연으로 인식합니다. 또한 근원적 진리도 비로소 얻어지고 습득됩니다. 그렇다고 감각경험을 통해서 얻어지고 습득된 것은 아닙니다. 이와는 반대로 감각경험은 근원적 진리 없이는 발생하지 않습니다. 근원적인 진리는 우리의 인식능력에서 나옵니다만, 완성되어서 나온 것은 아닙니다. 그렇다고 감각을 통해 얻어지는 것도 아닙니다. 이 감각은 공간과 시간 속에서 나타나기에 공간과 시간을 전제로 합니다. 근원적인 진리는 우리 자신의 인식력에서 발생합니다.— 우리는 이미 부지중에 그리고 당연하게 존재하고 있는 표상들을 따로 따로 분리하여 생각하고 판단하는 기술과 결합된 표상들을 각각 분리하는 기술을 연마해야 합니다. 이 작업은 어렵습니다. 만일 성공한다면 나는 정신의 완성된 영역을 획득할 것입니다. 감각은 정신과 함께 자연을 형성하기 위해 비밀스러운 힘을 통해 이 완성된 영역으로 등장합니다.

154

-

나의 정신은 어떤 요소들로 구성되어 있습니까?

-

이 요소들은 나무, 돌 또는 고기와 같은 통상적인 자연요소들일 수는 없습니다. 이것은 나의 정신 속에 빠져들어 있는 현상들입니다.

155

-

우리가 모든 자연현상, 즉 모든 자연적 요소들을 제거한다면, 무엇
이 여전히 남아 있겠습니까?

-

한갓 텅 빈 형식, 예를 들어 공간의 형식과 시간의 형식만이 남
아 있습니다. 나의 정신은 형식이지 자연의 요소는 아닙니다.
정신은 완성된 형식입니다. 자연은 이 형식 안에서 감추어진 원
인으로 현상합니다.

156

-

정신의 이러한 형식과 자연의 질료 사이에 어떤 차이점이 있습니까?

-

정신의 이러한 형식이 없다면 경이로운 자연의 전체 건축은 무너질 것입니다. 이 형식은 자연의 디딤돌에 속합니다. 엄밀한 의미에서 이 형식은 질료가 텅 비어 있으며, 시간과 공간처럼 그리고 질료를 정리하는 인과법칙처럼 질료의 저장소입니다. 이 형식이 없으면 자연은 불가능합니다. 따라서 이 정신적 형식은 실재하는 힘을 의미하며, 그 힘은 자연보다도 더 강력합니다. 그런 까닭에 자연은 이 힘에 의하여 나타납니다. 알려지지 않은 원인에 의해 자연은 이 순수형식 속으로, 우리 정신의 영역 속으로, 칸트가 말했던 우리의 순수이성의 영역 속으로 들어갑니다. 따라서 우리 자신의 가장 내면적인 핵심은 질료가 아니라 순수 정신이며, 만일 지성과 이성이 없다면 우리는 그것을 표면상 하나의 경이로움으로 인식할 것입니다. 이 경이로움은 지금은 내면에 잠복하여 있지만 언제가 부활할 마술적인 힘, 예를 들면 아름다운 예술의 마술적 힘입니다. 그러나 우리는 이 마술을 결코 이성의 검열 없이 맹목적으로 지배해서는 안 됩니다. 왜냐하면 우리는 망상과 도취에 빠져 버리기 때문입니다. ─ 특이하게도 임의의 자연요소처럼 우리의 신체, 우리의 개별적 인간도 자연에 속하고, 그 밖의 현상들처럼 순수한 형식 속에서 나타납니다.

157

-

순수형식은, 예를 들어 시간과 공간은 어떤 존재에게 속합니까? 이 곳에서는 어떤 자아를 말합니까? 누가 순수 정신의 중심점입니까?

-

자아는 나무나 동물과 같은 자연현상이 아닙니다. 또한 자아는 자연을 초월한 존재도 자연 바깥의 존재도 아닙니다. 게다가 우리는 자아에 대하여 아무것도 알 수 없습니다. 따라서 자아도 마찬가지로 단지 순수한 형식일 수 있습니다. 자아는 다른 모든 형식을 결합하는 내적인 통일입니다. 자아는 인식하는 자기 자신이며, 우리의 가장 자명한 자명성입니다. 자아는 생각하고, 느끼고 또 무엇인가 하려고 합니다. 이것이 자아의 상태들입니다. 이 존재가 없다면 자연은 함께 무너집니다. 이 존재는 가장 힘 있는 자연의 공동조건이며 중심점입니다. 우리 자신의 동일성 없이 우리는 아무것도 지각할 수 없습니다. 1층을 바라보는 자아가 꼭대기를 바라보는 자아와 더 이상 동일하지 않게 될 것입니다.

158

—

우리의 자아는 우리의 신체와 어떤 관계를 맺고 있습니까?

—

이 둘은 동일하게 정돈되어 있고 동일한 가치를 지니고 있습니다. 자아는 신체에 예속되어 있지 않고, 신체 역시 자아에 예속되어 있지 않습니다. 자아는 신체처럼 강력한 자연의 힘입니다.

159

-

무엇 때문에 자아는 모든 경이로움 중에서 최고의 경이로움입니까?

-

자아는 다른 대상을 인식할 뿐만 아니라 자기 자신을 인식합니다. 자아는 스스로를 때리는 망치와 같습니다. 자아는 유일하고 분리될 수 없지만, 분열 속에 빠지지 않고 자기 자신을 대립시킬 수 있습니다. 그렇지 않다면 자아는 자기 자신을 인식하지 못할 것이고 오로지 타자로 대립할 뿐입니다. 이 경이로움은 사실이며 그리고 모든 설명을 비웃을 것입니다. 이런 자아는 자연의 정신적 태양입니다. 가장 자명한 것이 동시에 가장 경이로운 것입니다.

160

-

'설명하다'라는 것이 도대체 무엇입니까?

-

복합적인 사실을 단순하게 환원하는 것입니다. 단순한 것은 설명될 수 없으며 동시에 경이로우며 당연합니다. 공간과 시간이 그렇습니다. 무엇보다도 우리의 자아 자체도 그렇습니다.

161
-

표상이란 무엇이며, 의식이란 무엇입니까?

-

세 마디로 이루어진 하나의 고리입니다. 첫째 마디는 우리의 자아, 둘째 마디는 표상된 대상, 그리고 셋째 마디는 자아와 대상과의 결합입니다. 경이롭게도 자아-의식은 자신의 고유한 대상입니다. 우리의 자아는 항상 인식하는 동시에 인식되며, 또 그것은 인식하는 자아와 인식된 자아의 결합입니다. 이 세 마디가 없다면 우리의 자아는 결코 산출되지 않습니다. 우리의 의식은 자아와 대상을 분리하고 결합합니다. 비록 이 대상이 자아 자신일지라도. 예를 들면, 고통은 단지 의식의 대상이지 자아도 아니며, 대상과 자아와의 결합도 아닙니다. 고통을 단순히 대상으로 인식하는 사람은 고통을 쉽게 극복합니다. 의식은 결코 질료가 아닙니다. 단지 형식입니다. 그렇다고 공간과 시간에서의 결합과 같은 감성적인 것은 아닙니다. 오로지 순수한 정신적인 것입니다. 예를 들면, 멀리 떨어진 별은 눈과 멀리 떨어져 있지만 결코 의식으로부터 멀리 떨어져 있거나 가까이 있는 것은 아닙니다. 왜냐하면 의식 자체는 멀리도 가까이 있는 것도 아니며,

우리가 가까움과 멂을 구별하는 조건이기 때문입니다. 자아와 대상 사이에는 가까움과 멂이 없고 가까움과 멂의 의식만이 있을 뿐입니다.

162

-

지금까지 우리는 감각에 속하지 않고 원천적으로 우리 자신에 속하는 인식능력에 대하여 무엇을 알았습니까?

-

① 자아. ② 자아의 대상으로서의 시간과 공간. ③ 자아를 대상으로부터 분리하고 결합하는 의식.

163

-

대상은 의식의 원인입니까?

-

아닙니다. 인과관계는 오로지 의식의 대상들 간에 성립하는 것이지, 의식과 대상 간에 성립하는 것은 아닙니다. 내가 지각하고 있는 집은 나의 의식의 원인이 아닙니다. 그것은 나의 의식과 함께 동시에 드러나는 공간 속의 현상입니다. 그것은 집이 먼저 나에게 작용하고 그리고 난 후 그 결과로서 나를 위해 거기에 있는 것이 아닙니다. 내가 의식적으로 집을 알기 전에, 집 그자체는 아직 집으로 있는 것이 아니라, 나에게 인식될 수 없는 비밀로 있습니다. 이 비밀은 나의 표상력과 함께 결합하여 집자체를 야기시킵니다. 물론 집은 나의 신체, 즉 신체의 감각에 작용합니다. 따라서 인과관계는 두 대상들 간에, 즉 신체와 집 간에 성립하는 것이지 자아-의식과 집 간에 성립하는 것은 아닙니다. 대상이 아니라, 자연이 산출하는 비밀스러운 창조력이 바로 의식의 원인입니다.

164

-

나의 원천적인 인식능력을 어떻게 그림으로 표상할 수 있습니까?

-

중심점에 자아가 서 있는 공처럼 표상합니다. 즉, 자아는 언제나 동일한 것으로 지속합니다. 공의 둘레는 자아의 대상으로서 시간과 공간이 나타납니다. 중심점은 나의 의식을 통해 둘레와 결합합니다. 의식은 자아를 대상과 결합하고 그리고 동시에 자아가 대상에 함몰되지 않게 합니다. ― 그러나 이는 단지 순수한 정신적 인식능력, 즉 표상능력을 표현하기 위한 공간적 그림일 뿐입니다.

165

-

감각의 재료는 원천적 인식능력의 순수한 정신적 형식과 어떤 관계에 있습니까?

-

재료, 즉 감각은 형식, 즉 인식능력을 변화시킵니다. 그런 까닭에 인식능력은 변화합니다. 인식능력은 감각에 의하여 변화되기도 하고 또는 개념과 자신의 구상력을 통해 스스로 변화하기도 합니다. 따라서 인식능력은 두 가지의 서로 다른 표상방식을 가지고 있습니다. 첫째는 인식능력이 수동적인 감성적-직관 방식이며, 둘째는 인식능력이 자발적으로 활동하는 개념적이고 구상적 방식입니다. 인식능력은 수동적인 감성과 능동적인 지성으로 구분됩니다. 자아, 즉 중심점 주위에는 자발적인 지성이 돌고 있고, 지성의 주위에는 우리를 강요하는 감성이 돌고 있으며, 감성은 다시금 시간과 공간으로 분리됩니다. 시간은 내적 감성이며 공간은 외적 감성입니다. 구상력은 지성과 감성을 매개합니다.

166
-

감각이 나타나면 무엇이 발생합니까?

-

감각은 시간과 공간의 텅 빈-의식을 변화시킵니다. 따라서 감각은 우리를 새롭게 하는 어떤 것이 아닙니다. 단지 감각은 자신이 나타나기 전에 또는 자신이 출현할 때, 이미 시공간적으로 텅 빈-감각으로서 존재하고 있습니다. 감각은 완전히 새로운 상태가 아니라 단지 형식에 따라 이미 존재하고 있는 상태의 변화일 뿐입니다. 형식이 변화될 때, 우리는 비로소 형식을 알게 됩니다.

167
-

텅 빈 공간은 물체의 속성입니까? 혹은 물체는 실제로 존재하고 있는 공간 속에 포함되어 있습니까?

-

후자의 경우 공간은 자아의 특성, 즉 정신의 특성에 속한 것입니다.

공간은 확실하게 물체에 부착되어 있습니다. 그러나 공간은 물체를 받아들이는 장소이기 때문에 무엇보다도 물체일 수 있습니다. 공간은 한계 없는 빈 곳이며, 이것 없이는 물체가 존재할 수 없는 감성적 대상입니다. 공간은 무한하게 비어 있는 것이며 별의 세계를 담고 있는 그릇과 같은 것입니다.

168

-

텅 빈 공간은 연장적인 무無입니까? 텅 빈 시간은 무입니까? 공간과 시간은 우리가 이해할 수 없는 움직이지 않는 거대한 괴물입니까?

-

아닙니다. 공간과 시간은 정신의 특성이며, 직관의 형식입니다. 우리가 감성적으로 감각하는 방식입니다. 따라서 그것은 무無가 아니라 작용하고 변화하는 힘이며, 우리의 감각의 재료를 위한 그릇이고 정신에 속한 것입니다. 우리 정신은 감각과 마주하고, 감각의 서로 다른 위치들을 질서 있게 하나로 연결하고, 또 그것을 조망합니다. 정신이 없다면 감각은 아무것도 아닙니다.

169
-

지각하는 존재가 사라지면 공간과 시간에 무엇이 남아 있습니까?

-

공간과 시간 자체가 아니라 비밀스러운 힘이 남아 있습니다. 이 비밀스러운 힘은 우리의 인식능력에게 시간과 공간의 형식 속에서 사물을 표상하도록 강요합니다. 대부분의 사람들은 공간과 시간이 우리의 자아, 즉 우리의 고유한 정신과 독립하여 있다고 간주합니다. 그들은 거꾸로 우리가 공간과 시간에 의존하고 있다고 간주합니다. 그들은 공간과 시간이 외부로부터 우리의 의식 속으로 들어온다고 주장합니다. 만일 우리가 자연의 재료만이 감각의 지각을 통해 우리에게 들어오고, 자연의 형식은 우리로부터, 즉 우리 정신으로부터 제공된다는 사실을 잊어버린다면, 전자의 주장은 우리가 밝혀내기 어려운, 눈을 현혹시키는 속임수입니다. 자연의 감성적 형식은 우리 정신으로부터 제공된 공간과 시간입니다.

170

-

감성에 의하여 우리에게 제공되는 것은 무엇입니까?

-

감각과 감정입니다. 예를 들면 쾌와 불쾌의 감정입니다. 감정을 통해 우리는 자신을 알게 되고, 감각을 통해 자연 전체를 알게 됩니다. 이 두 가지는 우리 자신의 상태입니다. 그러나 감정은 단지 우리의 심성에 있는 내면적인 것입니다. 이에 반해 감각은 우리에게 모든 물체를 알게 합니다. 감각은 우리의 자아에게 속할 뿐만 아니라, 대상에게도 속합니다. 그럼에도 불구하고 감각은 감정과 마찬가지로 단지 우리 자신의 상태입니다.

171

-

공간은 감각에 속합니까?

-

아닙니다. 공간은 단지 형식입니다. 이 형식 속에서 감각은 마술의 램프 속에서처럼 연출됩니다. 이와 마찬가지로 시간도 단지 감각의 형식, 예를 들면 소리가 나타나는 순서, 즉 소리의 형식입니다. 공간과 시간은 직관됩니다. 그리고 그들의 형식 속에서 감각됩니다. 직관된 형식 속에서 직관의 질료는 감각됩니다. 감각은 어떤 물체의 원인을 통한 외적 자극의 결과로서 일어납니다. 그러나 공간과 시간은 감각의 텅 빈 무이며, 비어 있는 감각의 그릇으로서, 원천적으로 우리에게 이미 속해 있습니다. 더욱이 비어 있음은 우리의 감각을 자극할 수 없습니다.

172

-

형식과 질료는 모든 자연현상을 산출하기 위해 결합합니다. 그렇다면 이것이 어떻게 가능합니까?

-

만일 공간과 시간이 감각처럼 우리 자신에게 속해 있지 않다면, 그리고 공간과 시간이 우리 없이 낯설게도 사물에 부착되어 있다면, 이러한 통일은 설명될 수 없습니다. 이 통일은 다음과 같은 사실로부터 자연스럽게 설명될 수 있습니다: 감각과 마찬가지로 공간과 시간은 단지 우리 자신의 상태이며, 동시에 감각의 영零입니다. 정수定數들로서의 감각들은 이 영과 대조를 이룹니다. 전체 자연이 우리의 고유한 표상능력의 단순한 현상이 아니라, 자연이 현상하는 대로 우리와 독립하여 그들 스스로 존재하고 있다면, 우리는 꿈속에서 우리 스스로의 힘으로 자연을 산출할 수 없을 것입니다. 그러나 꿈과 깨어 있음은 현상들의 자연을 통해서 구별될 수 있는 것이 아니라 현상들 사이의 잘못된 결합을 통해서 구별될 수 있습니다. 따라서 형식과 질료, 직관의 형식과 감각은 서로서로 밀접하게 결합되어 있습니다.

173

-

이러한 친숙함은 어떻게 표현됩니까?

-

다음 네 가지 종류로 표현됩니다. ① 감각은 강화될 수 있고 약화될 수 있습니다. ② 감각은 공간과 시간을 통해 연장과 지속을 포함하고 있습니다. ③ 감각은 시간과 공간을 채우고 있습니다. ④ 감각은 공간 또는 시간의 부분과 같이 서로서로 관계하고 있습니다. ─ 만일 이 모든 것이 우리의 고유한 지성에 속하지 않는다면, 우리는 이것을 확실하게 알 수 없으며 또한 당연한 것으로 여길 수 없습니다.

174

-

그렇다면 저기 외부에 놓여 있는 자연물체들 역시 직관과 감각의 일
종입니까?

-

물론입니다. 이것들은 우리의 공간 파악에 의해 연장성을 얻게
됩니다. 우리가 우리의 직관능력을 제거한다면, 물체는 남아 있
지 않고, 비밀스러운 원인만이 남습니다. 이 비밀스러운 원인
이 우리의 감성에 영향을 주어 우리 앞에 연장적 물체로 나타납
니다. 물체 그 자체는 비밀이며, 우리에게 단지 물체로서 현상
합니다. 물체는 일종의 감각이자 우리 자신의 느낌입니다. 전체
자연의 창조력이 있는 비밀스러운 원인은 우리의 일시적인 감
각이 물체로서의 지속적인 특수공간에 부착되도록 작용합니다.
물체들은 움직이는 공간들이며, 이 공간들은 서로 다투면서 장
소를 차지하고, 서로 방해하고 움직이며 그리고 우리의 감각과
확고한 관계를 갖고 있습니다.

175

-

물체들은 또한 우리로부터 독립적으로 존재하고 있습니까?

-

아닙니다. 물체는 우리의 감각으로부터 독립해 있습니다만, 우리의 감각적 표상방식으로부터는 독립되어 있지 않습니다. 물체가 우리 정신 앞에 자유롭게 떠돌아다니는 것이 마치 가상假像이듯이, 우리는 물체의 완전한 독립성을 가상으로 파악해야 합니다. 물체는 공간의 변화이며, 공간의 변화는 감각과 함께 합니다. 따라서 우리는 감각으로부터 물체를 환원적으로 추리할 수 없습니다. 오히려 우리는 감각에 우리의 공간형식을 각인하고, 그렇게 발생한 물체를 직접적으로 지각합니다. 감각의 원인은 물체가 아니라 물체의 비밀스러운 원인이며 전체 현상세계의 원인입니다.

176

-

우리의 인식은 어떻게 일어납니까?

-

모든 것은 원천적으로 우리에게 비어 있습니다. 우리는 원천적으로 우리 자신의 신체를 결코 인식하지 못합니다. 이 텅 빈 곳에서 감각이, 따라서 변화가 나타납니다. 그때 우리는 비로소 우리의 신체, 신체의 감각도구들을 그리고 감각도구들을 통해 다른 물체들을 인식합니다.

177

-

감각세계는 인식하는 존재보다 더 강하고 더 견고하고 더 지속적입니까? 자연은 우리의 고유한 정신보다 더 경이롭고, 더 위대합니까?

-

결코 아닙니다. 이것은 위험스럽고, 우리를 짓누르고 있어 극복하기 어려운 속임수입니다. 우리는 이 속임수를 계몽해야만 합니다. 초라한 인간들만이 겸손할 따름입니다. 정신은 자연에게 숭고성을 부여했음에도 불구하고 스스로 그 사실을 경시하고 망각하면서 오히려 자연을 찬미하고, 자연에게 감성적으로 열광하는 것은 초라하고 비열한 겸손입니다. 이성적으로 인식하는 우리의 정신이 없다면 자연은 없고, 생명 없는 현상의 덩어리만 있을 뿐입니다. 죽음은 정신의 죽음을 의미하지 않고, 생존자의 시야에서 사라짐을 의미합니다. 마찬가지로 탄생은 정신의 새로운 발생이 아니라, 살아 있는 사람의 시야에 나타나는 것입니다. 만일 자연을 보는 자가 없다면, 자연은 자신의 모습을 잃어버릴 것입니다. 자연은 오로지 우리를 위해 이런 모습으로 존재합니다.

178

-

그렇다면 우리가 우리 자신의 정신형식 속에서 자연을 사물 자체들의 본질로 파악할지 또는 비밀스러운 존재의 현상으로 파악할지 우리에게 상관없는 것입니까?

-

자연에서는 어떤 차이도 없습니다. 두 경우 모두 자연은 그대로 머물고 있습니다. 그러나 우리 자신의 존재에서는 대단한 차이가 있습니다. 나의 존재는 자연 전체의 동반자가 된다는 사실을 통해 나는 자연의 대단한 위력과 동등하며, 모든 자연의 억압에 대하여 자유롭습니다. 나의 가치는 커져갑니다. 그러나 무엇보다도 우리는 무엇이 참이고 무엇이 거짓인지를 묻습니다. 반딧불이 개똥벌레의 일부분이듯이 만일 우리가 시간과 공간을 우리에게 속한 것으로 인식한다면, 인식의 모든 수수께끼는 풀릴 것이고 그리고 나중에 우리 행동방식의 모든 수수께끼도 풀리게 될 것입니다.

179

-

자아 앞에 꿈처럼 지나가는 변화무쌍한 현상들의 도주로부터 우리의 인식이 어떻게 자연을 확고하게 정돈합니까?

◼

우리는 공간과 시간 속에서 감각과 현상과 표상을 가지고 있습니다. 우리가 이런 표상들을 가지고 있기 전에 그리고 이 표상들이 우리에게 속해 있다는 사실을 알기 전에 이 모든 것은 결코 규정된 자연이 아닙니다. 즉, 우리가 표상을 인식할 때 비로소 자연은 규정됩니다.

180

-

인식이란 무엇을 의미합니까?

-

인식은 사유의 힘이며, 모든 힘 중에서 가장 경이로운 힘입니다. 예를 들어, 어떤 운동보다 더 빠르게 시간과 공간을 뛰어넘는 힘이며, 자연 너머의 다른 세계를 창조하는 힘이며, 가장 근접한 곳과 가장 먼 곳을 결합하고 분리하는 힘이며, 시공 너머에 있는 힘이며 또한 시공을 지배하는 힘입니다. 지금까지 우리는 단지 공간과 시간 속에 있는 감각현상만을 알았습니다. 이제 우리는 사유의 힘을 곧 알게 될 것입니다.

181

-

어떤 방식으로 우리는 이러한 감각현상들을 인식합니까?

-

기억하는 힘을 통해 우리는 감각현상들을 인식합니다. 감각을 갖고 있다는 것은 인식하는 것, 기억하는 것 그리고 안다는 것과는 동일하지 않습니다. 기억이 없다면 모든 감각은 즉시 망각되어 버립니다. 질서 있게 정돈된 자연을 가능하게 하는 지속성의 표상은 사라집니다. 우리는 우리의 표상들을 자연의 현존을 통해서가 아니라 생각, 사유, 회상과 기억, 즉 개념을 통해 인식합니다. 따라서 두 종류의 표상이 있습니다. 감성적 표상과 감성적 표상에 대한 개념이 그것입니다. 우리는 개념을 매개로 감성적 표상을 인식합니다. 감성적인 것은 우리에게 부지중에 주어집니다. 개념적인 것은 우리가 감성적인 것을 인식하기 위하여 자발적으로 사용합니다. 모든 인식은 비감성적 표상인 개념에 기인합니다.

182

-

개념이 없는 그리고 기억이 없는 지각은 가능합니까?

-

가능하지 않습니다.

183

-

왜 불가능합니까?

-

예를 들어, 나는 음악을 듣습니다. 한 소리는 다른 소리의 다음에 나옵니다. 이전의 소리가 사라지고 그 다음의 소리가 따라나온다면, 무엇을 통해 소리들이 결합됩니까? 이 결합은 매우 쉽게 보이는 것처럼 함께 들리는 것이 아니라, 우리가 기억을 통해 개념적으로 결합을 산출합니다. 기억이 없다면 각각의 소리는 즉시 잊게 됩니다. 기억이 감성적-시간적이라면 기억은 전혀 불가능합니다. 기억은 초감성적-개념적입니다. 오로지 개념만이 끊어진 감성적 다양성에 통일과 결합을 제공합니다. 순수한 감성적 표상은 마치 장님과 같습니다. 그리고 그 표상에는 어떤 인식도 포함되어 있지 않습니다. 그것은 단지 인식의 재료일 뿐입니다. 개념은 우선 감성적인 것을 지성의 언어로, 인식의 언어로 번역합니다. 개념 없이는 기억도 통찰도 기대도 없습니다. 다양한 현상들을 통일시킨 개념은 이제 반대로 우리에게 다시금 현상들을 분산시키고 그리고 현상의 다양성을 구상력 속에 다시금 생생하게 그려내게 합니다.

184
-

개념은 단지 감성적 다양성만을 하나로 총괄합니까?
-

아닙니다. 개념은 개념들의 다양성을 더 높은 개념으로 모읍니다. 예를 들어 가라말, 백말, 밤색 말은 더 상위 개념인 '말'로 모입니다. 따라서 특수한 것을 포괄하는 보편적 개념이 있습니다. 특수개념은 감성적 다양성을 직접 포괄합니다. 그러나 보편개념은 다양한 특수개념을 직접 포괄합니다. 또한 다수의 보편개념은 더 상위의 보편개념을 통해 하나가 됩니다. 예를 들어 삼각형, 사각형, 천각형은 다각형의 개념을 통해 하나가 됩니다. 감성적인 것 모두는 하나의 개념을 통해 인식될 수 있습니다. 그러나 개념의 경이로움은 결코 감성적으로 직관될 수 없습니다. 감성적인 것은 개념 없이는 결코 규정될 수 없음에도 불구하고 대부분 사람들은 대상의 개념적 인식을 대상의 감성적 존재로 혼동합니다.

185

-

감성적인 것이 개념으로 전환되는 것을 어떻게 설명할 수 있습니까?

-

우리 자신은 감성을 가지고 있으며, 감성은 수동적입니다. 이에 반하여 개념의 생성은 우리 자신의 노력에 기인합니다. 배울 때마다 우리는 개념과 함께 자의적으로 뇌에 작용합니다. 예를 들어 만일 우리가 사각형의 개념에 따라 사각형을 그린다면, 개념은 우리의 활동성에 기인하고 그리고 활동성을 이끕니다. 우리는 개념을 가지고 감성적인 모든 것을 표상하도록 구상력을 유발합니다. 수동적으로 받아들인 것을 우리는 개념 속에서 작업합니다. 감성은 수용이며 개념은 활동입니다. 개념이 없다면 어떠한 순수한 활동, 행동, 의지, 의도도 없으며 오로지 감성적인 수동만이 있을 뿐이다. 개념이 우리를 행동의 창조자로 만들며, 감성적 자연의 강제로부터 우리를 자유롭게 합니다.

186

-

무엇이 감성적 수용과 개념적 자발성을 매개합니까?

-

형상을 형성하는 구상력입니다. 구상력은 한편으로 자의적입니다. 그리하여 나는 구상력에 감성적 표상들을 형성하도록 자극할 수 있습니다. 다른 한편으로 구상력은 감성적-비자의적입니다. 이 원천적인 힘이 없다면 우리는 감성적으로나 개념적으로나 결코 표상할 수 없습니다. 우리의 개념은 구상의 고유한 활동성을 조종합니다. 우리의 판단은, 우리의 판단력은 구상과 개념 사이를 매개합니다. 따라서 이 판단력은 개념과 감각현상을 서로 비교하면서 이 둘의 일치를 목표로 노력합니다.

187

-

개념들은 대상을 관찰할 때 형성됩니까? 마치 대상 자체가 밀랍을 눌러 형태를 만드는 것처럼?

-

아닙니다. 우리의 뇌는 영향을 받을 줄 수 있지만, 그렇다고 우리의 인식은 되지 않습니다. 우리의 인식은 개념을 형성하기 위해 뇌를 이용합니다. 관찰하고 배울 때마다 뇌의 인상은 우리 자신에 의하여 산출됩니다. 우리는 마치 밀랍이나 인장과 같습니다만, 우리가 팔다리를 움직이는 것과 마찬가지로 밀랍이나 인장을 고유한 활동성으로 이용합니다. 이러한 활동성은 대부분 인지되지 않은 채 부지중에 일어납니다. 대부분 사람들은 부지중에 사유합니다.

188

－

우리는 어디에서 우리의 개념을 가장 쉽게 인식합니까?

－

우리의 언어, 우리의 말에서 인식합니다. 앵무새는 소리에 따라 단지 감각적으로 말을 흉내를 내며, 말의 의미를 우연히 맞힙니다. 우리는 대상을 표현하는 언어개념을 통해 대상의 개념을 파악합니다.

189

-

개념 형성의 가능성은 어떻게 설명될 수 있습니까?

-

그것은 자연사물이 그 자체로 존재하고 있는 것이 아니라, 오히려 현상으로서 우리의 표상에 존재하고 있다는 것으로부터 설명될 수 있습니다. 만일 자연사물이 우리로부터 완전히 분리되어 낯선 것으로 존재하고 있다면, 우리는 결코 구상력 내지 판단력을 매개로 자연사물을 우리의 개념 속에 수용할 수 없습니다.

190
-

우리의 개념은 공간과 시간처럼 확고한 형식을 지니고 있습니까?
-

우리는 인식의 형식에 적합한 것만을 인식합니다. 개념들은 우리가 앞으로 알게 될 필연적인 형식들을 갖고 있습니다. 우리는 개념 없이 인식할 수 없기 때문에, 시간과 공간이 모든 감각현상을 포함하고 있듯이, 개념은 형식을 통해 전체 인식을 지배합니다. 개념이 없다면 감성적인 것은 우리에게 인식될 수 없습니다. 감성적인 것이 없다면, 마치 텅 빈 공간과 텅 빈 시간처럼 개념은 공허하고 텅 비어 있습니다.

191

-

우리는 개념의 형식을 무엇이라고 부릅니까?

-

규칙 또는 법칙이라고 부릅니다.

192

–

그렇다면 자연법칙은 무엇으로 인하여 존재하고 있습니까?

–

자연법칙, 예를 들어 질량불변의 법칙 또는 인과법칙은 자연 자체에 포함되어 있는 것처럼 보입니다. 그러나 실제로 자연 전체의 힘의 운동은, 예를 들어 원인과 결과는 자연으로부터 우리의 지성에 들어온 것이 아니라, 반대로 우리의 인식능력, 즉 개념능력으로부터 자연으로 들어간 것입니다. 자연이 아니라, 자연이 발원한 비밀스러운 창조의 힘이 우리의 인식을 지배합니다. 이 인식은 저 비밀스러운 동인에 의해 이제 개념과 시공간의 일정한 형식과 더불어 현상으로서의 자연을 형성합니다. 자연 속에 숨어 있는 것처럼 보이는 법칙은 사실 개념들의 형식들입니다.

193

-

어떻게 이 현상이 설명될 수 있습니까? 어떤 까닭에 우리는 형식과 법칙을 자연에 부여한다는 사실을 쉽게 깨닫지 못하고 오히려 자연으로부터 수용한다고 말합니까?

-

우리는 매우 빠르게 생각하고 판단합니다. 우리의 구상력은 번개처럼 재빨리 작업합니다. 따라서 우리는 자주 속고 잘못을 범합니다. 예를 들어 우리가 신기루를 손에 잡을 수 있다고 생각한다면, 우리의 사유는 대상을 쉽게 혼동합니다. 개념적인 것과 감성적인 것과의 경계는 대부분 혼합되어 있습니다. 가상假像을 잘 통찰하기 위하여 우리는 정교하고 매우 천천히 숙고해야 합니다. 우리는 천년 동안 태양을 중심으로 지구가 돌고 있는 것을 지구를 중심으로 태양이 돌고 있다고 여겼습니다. 대부분의 사람은 직관적으로 직접 인식한다고 상상했습니다. 그들은 또한 개념이 없다면 감성적인 것은 단지 잡종에 불과한 것이며, 곧 잊어버릴 꿈일지도 모른다는 사실을 생각하지 못했습니다. 지성, 구상력 그리고 감성은 실질적인 우리의 삶에서는 서로 뒤섞여 녹아 있습니다. 개념이 없다면 자연은 그 의미와 의의를 상실함에도 불구하고, 개념은 비감성적이기에 발견되기가 쉽지 않습니다. 개념은 한번 형성되면, 예를 들어 우리가 원인과 결과의 개념을 자연 속에서 직접적으로 지각한다고 잘못 생각할 만큼이나 견고하고 밀접하게 현상에 전달됩니다. 만일 우리가 자연에게 필연성의 개념을 부여하지 않는다면, 자연현상은 우리에게 단지 그럴 듯한 것, 우연적인 것, 믿을 수 없는 것, 그리고 인식될 수 없는 것일 수 있습니다. 원인과 결과의 필연적인 결합은 이 결합이 외부로부터 우연적으로 우리에게 들어온 것이 아니라, 우리 자신의 인식력으로부터 자연으로 들어간 것입니다. 이 사실 이외에 어떤 다른 방식으로 설명될 수 없습니다.

194

-

우리는 이 형식들을 어떻게 발견합니까?

-

비감성적인 형식을 발견하기 위하여 우리는 감성적인 모든 것을 제거해야 합니다. 순수한 개념적 형식은 개념의 능력 안에 있습니다. 이 순수한 개념적 형식이 어떻게 개념의 능력에서 감성의 능력으로 스며드는지를 우리는 곧 알게 될 것입니다. 우리는 개념 속에서의 사유와 대상적 사유, 즉 대상의 인식과 구별합니다. 우리는 내적 사유와 외적 사유를 구별합니다.

195

–

우리는 내적 사유에서 무엇을 만나게 됩니까?

–

우리는 오로지 보편개념을 만나게 됩니다. 이에 반하여 외적 사
유는 개별사물과 관계하는 특수개념을 만나게 됩니다.

196

-

우리가 사유형식 내지 사유법칙으로부터 자연의 법칙을 도출할 수
있다는 사실은 무엇을 의미합니까?

-

자연의 생명과 자연의 심장은 우리 정신 속에 있습니다. 우리의
정신이 없다면 자연은 현존하지 않으며, 자연은 감각현상의 주
사위놀이로 인식될 수밖에 없습니다.

197

-

개념은 왜 일정한 형식을 요구합니까?

-

그렇지 않다면 개념은 (다양하게 함께 흘러가는 물처럼) 구별될 수 없이 서로서로 뒤섞여 갑니다. 개념은 확실한 경계를 필요로 합니다. 이 경계는 시간적인 것도 아니고, 공간적인 것도 아니며 질료적인 것도 아닌 순수하게 개념적인 것입니다.

198

-

사유는 개념에서 어떤 형식을 가지고 있습니까?

-

감각이, 여기에서는 질료, 즉 내용이 시간과 공간이라는 형식 속에서 나오듯이, 각각의 모든 가능한 생각은 사유의 형식 속에서 나옵니다. 우리는 이 사유의 형식을 다음과 같이 구별합니다.

① 전칭全稱, 특칭特稱, 단칭單稱(역주: 전칭이란 '모든 사람은 죽는다.'에서 '모든 인간'을 가리키며, 특칭이란 '몇몇 사람은 흑인이다.'에서 '몇몇 사람'을 가리키며, 단칭이란 '이순신은 장군이다.'에서 단 한 사람인 '이순신'을 가리킨다.) 전칭 개념인 인간은 서로 다른 종류의 인간, 즉 흑인, 유대인, 인디언에게도 타당합니다. 전칭 개념은 특수한 개념과 관계합니다. 그러나 반대로 모든 흑인은 사람입니다(alle Neger sind Menschen). 여기에서 '입니다(SIND)'는 모든 인간과 특수한 인간, 즉 흑인과의 연결을 표현합니다. 이와 같은 명제, 즉 이와 같은 생각을 판단이라고 부릅니다. 이 연결의 형식 없이는 우리는 아무것도 생각할 수 없습니다. 이 형식에 의하여 우리는 여기에서 모든 인간, 몇몇 인간, 하나의 인간을 생각합니다. 이 형식은 내면의 사유로부터 이미 대상적 사유로

이전합니다.

② 긍정, 부정, 무한: 관계는 긍정되든지 부정될 수 있습니다. 내가 낮에 보았던 태양은 밤에 보이지 않습니다. 따라서 나는 나의 시야에 따라 태양의 모습을 긍정하고 또는 부정합니다. 그리고 세 번째 경우를 생각할 수 있습니다. 즉, 나의 시야에서 나타나고 또는 사라질 수 있는 태양이 제3의 시선에서 보여질 수 있습니다. 나는 관계의 긍정, 부정 그리고 제3의 영역을 구분할 수 있습니다. 예를 들면 나는 현상하는 자연, 사라지는 자연 그리고 이 두 자연 배후에 숨어 있는 자연의 존재 자체, 나타나는 어떤 것, 사라지는 어떤 것, 그리고 어딘가 다른 어떤 곳에 있는 것을 구분할 수 있습니다. 따라서 긍정과 부정 이외에 나는 (긍정된 것의 한계를 통해) 여전히 그 개념 너머의 바깥에 있는 것, 인접해 있는 제3의 개념을 생각합니다.

③ 존재성. 존재-가능성, 존재-필연성: 무엇이 타당합니까? 무엇이 타당하지 않습니까? 무엇이 타당할 수 있습니까? 무엇이 타당할 수 없습니까? 무엇이 필연적으로 타당합니까? 무엇이 우연적으로 타당합니까? 여기에서 개념의 관계는 참을 주장하든지 아니면 참을 논쟁하는 것입니다. 또는 아마도 주장하든지 아마도 주장하지 않든지 또는 아마도 논쟁하는 것입니다. 또는 필연으로서의 참을 주장하든지 아니면 우연으로서의 참을 주장합니다.

④ 시간적으로 각각의 개념이 서로 관계한다면, 모든 관계는 다시금 다음과 같이 서로 관계하고 있습니다. 예를 들어: "네가 말한 것은 참이어야 한다."와 같이 무조건적인 필연적 관계이든지, "만일 비가 오면 축축하다."와 같이 조건적인 필연적 관계이든지, "살인은 허용되든지 아니면 금지된다."와 같이 양자택일의 관계입니다. 따라서 여기에서는 개념이 서로 관계되는 아니라, 완성된 사유가 서로 관계되는 것입니다.

이것이 우리의 가능한 모든 사유에 대한 12개의 형식입니다.

199

−

오로지 이 12개의 사유형식만이 있습니까, 아니면 다른 것도 생각될 수 있습니까?

−

오로지 이 12개뿐입니다.

200

–

왜 그렇습니까?

–

개념과 완성된 사유 사이에 생각될 수 있는 관계는 한 부분과 다른 부분을 완전하게 결합할 수 있는 관계이든지 아니면 부분적으로 결합할 수 있는 관계이든지, 아니면 전혀 결합할 수 없는 관계입니다. — 이 결합은 타당하든지(타당하지 않든지), 가능하든지(불가능하든지), 필연적(우연적)입니다. — 결합들 사이에 결합이 불가능하면(정언판단이면: 역자보충) 판단은 무조건 타당합니다. 또는 가능하면(가언판단이면: 역자보충) 그것은 조건적으로 타당합니다. 또는 (선언판단이면: 역자보충) 그것은 양자택일에서 부정과 긍정의 상호 제한성입니다. 이것들이 개념과 사유의 모든 형식들입니다. 이 형식들은 대상적 사유의 자연개념과 가까운 친화력을 가지고 있습니다.

201

-

이 자연개념들 내지 근본개념들은 무엇이라고 부릅니까?

-

① 전체성, 다수성, 단일성 (분량에 따라)
② 실재성, 부정성, 제한성 (성질에 따라)
③ 현존성(비존재성), 가능성(불가능성), 필연성(우연성) (양상에 따라)
④ 변화 속에의 지속성, 인과성, 상호성 (관계에 따라)

따라서 각각의 내적 사유형식은 외적 형식, 즉 자연 자체의 형식에 상응하고 부응합니다. 예를 들면 대상적인 전체성은 오로지 사유되었던 전칭에 상응하고, 다수성은 특칭에, 단일성은 단칭에 상응합니다. ─ 실재성은 긍정에, 부정성은 부정에, 제한성은 무한에 상응합니다. ─ 사물의 현존성(비존재성)은 사유의 타당성(비타당성)에, 자연발생의 가능성(불가능성)은 사유의 가능성(불가능성)에, 자연발생의 필연성(우연성)은 사유의 필연성(우연성)에 상응합니다. 또한 변화에도 불구하고 계속되는 자연사물의 지속성은 변화의 속성에도 불구하고 지속적으로 고정된 개념(예, 물)의 의미에, 자연에서의 원인과 결과는 사유관계의 근거-결과에, 자연사물의 상호작용은 사유의 상호관계에 상응합니다.

202

-

이 사유형식은 자연에 의하여 산출됩니까? 아니면 이 사유형식에 의하여 자연이 산출됩니까?

-

이 사유형식은 감성적 자연에 속하지 않고 우리의 고유한 지성에 속합니다. 사유형식이 없으면 우리는 아무것도 생각할 수 없고 또한 인식할 수 없습니다. 사유형식은 외부로부터 우리에게 강요된 것이 아니라, 우리가 내부로부터 진리로 통찰한 것입니다. 그것은 신체처럼 감성적으로 우리에게 생득된 것이 아니라, 우리의 정신적 자아 자체입니다. 따라서 그것은 의심할 여지없이 진리입니다. 왜냐하면 그것은 진리(타당성)의 개념을 스스로 품고 있습니다. 그것은 진리 외에 어떤 의미도 갖고 있지 않습니다. 진리개념은 사유라는 태엽시계의 태엽입니다. 여기에서 우리는 자연의 강요에 굴복하지 않고, 오히려 자신을 투명하게 통찰하고 자발적으로 진리를 거짓으로부터 구별합니다. 여기에서 우리는 시계가 아니라, 통찰력 있는 시계공입니다. 이 시계공은 순수하고 참된 사유의 시계를 산출하고, 이를 통해 자연의 시계와 예술과 예술품의 시계를 산출합니다. 우리는 이러한 개념적 표상을 감성적인 현상처럼 수용하는 것이 아니라, 오히려 개념적 표상의 도움으로 감성적 자연현상의 자발적인 주인이 됩니다. 우리 지성은 자연의 산출물이 아니라 반대로 자연이 우리 지성의 산출물입니다. 그러나 질료에 의해서가 아니라, 오로지 형식에 의해서입니다.

203

-

자연이 우리의 정신보다 우월합니까? 또는 우리의 정신이 자연보다 우월합니까?

-

우리의 정신은 형식을 통해 자연보다 우월합니다. 자연은 내용을 통해 정신보다 우월합니다. 질료 내지 내용 없는 형식은 텅 빈 공허한 것입니다. 형식 없는 질료는 인식될 수 없습니다. 따라서 정신과 자연, 지성과 감성은 동등한 힘입니다. 시계를 만드는 정신이 없다면 인간은 단순히 시계기계일 뿐이며, 자유롭게 행동하는 자신도, 자아도, 인격체도 결코 아닙니다.

204
-

12개의 사유형식에도 불구하고 우리가 어떻게 자아의 통일을 이룰 수 있습니까?

-

개별공간들이 보편공간에, 개별성들이 동일한 시간에 속하는 것처럼: 개별적인 사유형식들은 하나의 자아에 속합니다. 이 하나의 자아에 의하여 개별적 사유형식들은 결합되고 또는 (예를 들어 양자택일 속에서) 분리됩니다. 단일성의 형식뿐만 아니라 다수성의 형식과 분리의 형식뿐만 아니라 결합의 형식은 공동의 자아에 종속됩니다. 이 공동의 자아가 없다면 우리는 세계의 통일성을 전혀 생각할 수 없습니다. 자아는 모든 형식들의 형식이며, 지속적인 것입니다. 이 지속적인 것에 형식들이 속성으로서 부착되어 있습니다.

205

-

우리가 감각적 대상들을 인식하려면, 대상들의 개념이 어떻게 우리의 사유에 그리고 사유형식의 통일인 자아에 전달됩니까?

-

개념형식들의 질서는 개념과 개념들의 관계를 포함하고 있지만, 개념과 감각적 대상과의 관계를 포함하고 있지 않습니다. 자연 속에 있는 대상은 지성 속에 있는 개념과는 별개로 정돈되어 있습니다. 감각 대상의 인식을 획득하기 위하여 우리의 지성은 감각적 현상을 지성형식과 유사한 조각으로 분해할 수 있어야만 합니다. 따라서 현상은 다양성을 포함하고 있으며, 그것의 조각들은 사유형식과 서로 비슷한 상태로 있음에 틀림없습니다. 현상의 조각들로부터 우리는 개념을 형성하고 그리고 이 조각 개념들을 개념적으로 결합합니다. 그리하여 개념들이 발생하고, 이 개념들의 대상이 바로 감각적 현상들입니다. 예를 들어 제비꽃을 인식하기 위하여 우리는 제비꽃의 물체를 제비꽃-자아(Veilchen-Ich)로 만듭니다. 이 제비꽃-자아의 속성은 모습, 색깔, 향기 등입니다. 따라서 이 자연적 대상의 사유는 순수개념과 동일한 법칙을 따릅니다.

206

-

예를 들어 대상적 사유에 있어서 필연성의 개념에 상응하는 것은 무엇입니까? 이 필연성의 개념에 의해 하나의 사유는 제약하는 것이며 다른 하나의 사유는 제약된 것입니다.

-

그것은 원인과 결과의 개념입니다. 우리는 원인이 자연의 숨어 있는 힘이라고 잘못 생각합니다. 그러나 사실 원인과 결과는 단지 시간 속에서 선후의 관계이기에 단지 관계개념일 뿐입니다. 감각이 시간의 형식 속에 들어오듯이 자연의 모든 변화는 우리의 지성에 속한 관계형식 속으로 들어옵니다. 그러나 자연 그 자체가 들어오는 것이 아니라 우리의 정신적 숙고를 통해 들어오는 것입니다. 그렇지 않다면 우리는 원인과 결과에 관하여 그렇게 자주 잘못을 범할 수가 없습니다. 힘, 원인은 사물 속에 숨어 있는 것이 아니라, 형식이며 그리고 우리의 정신활동입니다. 자연 속에 인식될 수 없이 숨어 있는 비밀은 우리의 지성을 통해 비로소 원인과 결과가 됩니다. 우리의 정신이 그물로 사물들을 잡을 수 있도록 해준 사물의 원천을 우리는 알 수 없습니다. 그러나 이 정신적 그물의 형식이 존재하고, 자연이 이 그물 속에서 포획된다는 사실은 경이로움입니다. 총알이 총신에 들어맞듯이 감각적 표상은 우리 정신의 형식에 들어맞습니다.

207

-

원인과 결과의 관계개념은 어떤 부분들을 포함하고 있습니까?

-

사유형식 이외에 감각적인 사물형식을 포함하고 있습니다. 또한 사물화 자체는 원인과 결과의 관계개념에 속해 있습니다. 사물화는 대상적 사유를 가능하게 하는 형식입니다. 이를 통해 현상들은 자립적인 사물들의 징표를 포함하고 있습니다. 바로 여기에서 쉽게 이 사물들이 완전하게 우리의 정신으로부터 독립되어 있는 것처럼 보입니다. 사실 현상들은 우리의 순수한 개념적 사유들로부터 독립되어 있습니다만, 우리의 대상적 사유들로부터는 독립되어 있지 않습니다. 현상들은 우리의 대상적 사유를 통해 단순한 감각적 변화로부터 비로소 사물들이 됩니다.

208

-

물체는 실제로 현상일 뿐이고, 우리의 정신의 감각적 표상이며, 공간과 시간 속에서 존재하고 있음에도 불구하고 물체가 왜 공간과 시간과 함께 우리 정신 앞에서 독자적으로 떠돌아다니는 것처럼 현상합니까? 무엇으로 인해 물체의 이러한 독자성이 현상 속으로 들어옵니까?

-

우리의 정신으로부터 완전히 독립되어 있는 사물 자체는 인식될 수 없습니다. 우리의 정신에 속해 있는 사물은 독자적인 것이 아니라, 단지 우리의 사유된 또는 구상된 표상입니다. 정신이 개념형식과 사유규칙뿐만 아니라 규정된 대상형식으로 이루어져 있을 경우에만 우리가 독자적인 사물을 인식할 수 있다는 사실이 설명될 수 있습니다. 그러나 이 사물이 완전한 독자성을 가지고 있는 것처럼 보이는 것은 우리의 정신 덕분입니다. 여기에서 우리의 사유형식들은 깨어질 수 없는 법칙들, 예를 들면 인과성의 법칙과 결합하고 있습니다. 그리하여 우리의 표상은 더 이상 흔들릴 수 없는 법칙에 종속됩니다. 그리고 우리의 표상은 더 이상 우리의 표상이 아니라, 우리의 인식능력으로부터 독립되어 있는 것처럼 보이게 됩니다.

209

-

이로 인해 우리의 감성적이고−사유적인 자아에서 무엇이 나옵니까?

-

자아는 자연의 사물들을 위한 입법자입니다. 이 입법자를 통해 비로소 자연이 발생합니다. 입법자는 자연의 중심점입니다. 그는 감각적 현상들의 다양성에 개념을 형성하고, 이 개념을 규칙과 법칙에 결합하고 그리고 현상들에 합법칙적으로 결합할 사물의 표상을 부여합니다. 그렇지 않다면 현상은 단순히 상상된 표상으로만 남아 있을 것입니다.

210

-

그렇다면 우리는 자연을 무엇이라고 이해합니까?

-

자연은 개념질서의 대상적 반영입니다. 자연의 엄청난 위력은 정신의 사유형식에서 나온 산물입니다. 우리의 정신형식은 자연존재의 근거입니다.

211

-

우리의 정신은 무엇을 통해 자신의 형식을 감각사물에 적용할 수 있습니까?

-

시간개념이 이러한 적용의 열쇠입니다: 시간의 직관형식은 모든 현상에 공동적인 것입니다. 이 공동적인 것을 우리는 원천적으로 감각 속에 가지고 있습니다.

212

-

시간–직관의 어떤 방식에 의해 사물들이 우리의 사유형식에 종속됩니까?

-

시간은 우리의 사유형식을 일정한 방식으로 적용하도록 강요합니다. 시간은 모든 현상의 형식입니다. 우리가 시간을 인식한다면 우리는 모든 현상을 인식합니다.

213

-

우리는 어떻게 시간을 인식합니까?

-

시간은 우리의 정신에 속한 것이며, 원천적으로 우리에게 주어져 있습니다. 그러나 아직도 인식되지 않았고 여전히 알지 못합니다. 우리는 시간을 인식하기 위하여 우선 시간에 관한 개념을 형성해야 합니다. 이를 위해 우리는 시간을 하나씩 파악해야 하고 그리고 하나씩 파악된 개념들을 정신적으로 통일시켜야 합니다. 우리의 판단은 우리의 상상을 이끌어 텅 빈 시간을 분해합니다. 우리는 시간을 중지시킵니다. 그리고 특수한 시간위치들이 생겨납니다. 이 시간위치로부터 우리는 개념들을 형성합니다. 우리는 보존된 특수개념들을 하나의 전체개념으로 통일시킵니다. 간단하게 표현하면, 우리는 대상에 관한 사유의 형식을 ―전체성, 다수성, 단일성을― 우리의 상상이 이끈 판단을 매개로 시간에 적용합니다.

214

-

시간의 부분들은 서로 어떤 관계를 맺고 있습니까?

-

시간의 단일성은 다수성에 결합하고, 다수성은 시간의 전체성을 형성합니다. 여기에 계산의 모든 가능성이 기인합니다. 시간은 크기로서 인식됩니다. 시간은 모든 현상을 포괄하고 있기 때문에, 인식될 수 있는 것은 따라서 모두 크기를 가지고 있습니다. 이 크기를 우리는 지속(시간의 길이)이라고 부릅니다. 공간의 부분들은 동시적이기 때문에, 공간적 크기는 사유의 질서 속으로 들어갑니다. 더 나아가 시간은 감각적 질료가 없는 공허한 것입니다. 시간을 매개로 우리는 무와 유를 구분합니다. 시간을 매개로 어떤 것은 서서히 무無까지 줄어들고 또한 시간을 통하여 점점 증가할 수 있기 때문에 모든 지각, 모든 현상은 크기의 정도를 가지고 있습니다. 더 나아가 우리는 사유형식에 따라 다음과 같이 시간-관계를 구분합니다.

① 전체 시간과 부분 시간들과의 관계.
② 하나의 시간 부분과 다른 시간 부분과의 관계.

③ 동시적 표상들에 대한 다수성의 관계.

결과적으로 모든 현상은 자연대상으로서의 지속성을 가지고 있으며 그리고 대상의 현존방식으로서 상호 변화합니다. 이전의 시간이 시작되면 다음의 시간이 비로소 나타날 수 있습니다. 따라서 자연에의 모든 변화는 인과법칙에 따라 발생합니다. 공간의 모든 부분은 동시에 있으며 그리고 상호의존적입니다. 제한된 공간부분이 없다면 어떤 공간부분도 생각될 수 없습니다. 우리가 시간과 공간 속에서 자연사물을 인식하려면, 자연사물은 상호작용 속에 존재해야 합니다. 또한 단 하나의 별이 사라진다면, 별의 질서도 허물어집니다. 어떤 것을 변화시키는 사람은 모든 자연사물을 변화시킵니다. 시간을 채우는 것은 현실적입니다. 요컨대 시간 속에 없는 것은 비현실적입니다. 내가 시간의 내용으로 생각할 수 있는 것은 (내지 생각할 수 없는 것은) 시간 속에서 가능합니다(내지 불가능합니다). 어떤 것이 모든 시간에 속해 있다면 그것은 필연적입니다. 그렇지 않다면 그것은 우연적입니다. 이것이 원천적으로 인식될 수 있는 자연법칙의 전부입니다.

215

-

우리는 모든 사유형식의 전체를 무엇이라고 부릅니까?

-

법칙이라고 부릅니다. 정신의, 이성의 법칙이 없으면 어떤 자연이나 어떤 예측도, 우리가 첫 번째 단락에서 배웠던 것처럼 참되고, 진실된 어떤 행위도, 참된 자유로운 어떤 의지도 없습니다.

216

-

우리는 사물들에 관하여 무엇을 오로지 인식합니까?

-

오로지 사물들의 합법칙성을 인식합니다. 이것을 제거한다면
깊이를 알 수 없는 비밀만이 있을 뿐입니다. 자연의 사물들은
사유법칙에 들어맞은 현상들의 이해방식들입니다. 현상은 놀랍
게도 우리의 이해능력에 들어맞습니다.

217

-

우리는 현상으로부터 현상을 산출하는 존재로 역추리를 할 수 있습니까?

-

아닙니다. 우리의 정신으로부터 독립해서 현상하는 자연이 어떤 상태로 있는지 비밀로 남아 있습니다. 감성적 인식의 한계 너머에 놓여 있는 것은 인식될 수 없습니다. 감성적 인식 너머에 있는 것은 물론 사유일 뿐이지 결코 감성적 인식은 아닙니다. 우리는 감성적 인식에 한계가 있음을 알고 있습니다. 우리는 감성적 인식 너머에 있는 것이 어떤 상태로 있는지 모릅니다.

218

—

그렇다면 우리의 인식능력은 감성적인 것 너머에 있는 것, 초감성적인 것을 실제로 전혀 인식하지 못합니까?

—

감성적인 것 너머로 들어가기 위해 우리는 감성적이지 않고, 시간적이지도 않은, 오로지 창조적이고 초감성적인 원인의 개념이 필요합니다.

219

—

그러나 어떻게 우리의 사유가 감성의 한계 너머에 도달할 수 있습니까? 이러한 사유는 단순히 말뿐이 아니겠습니까? 이런 사유는 가능합니까? 이 사유는 어떤 상태에 있습니까? 어디로부터 이런 사유가 우리에게 옵니까?

—

경험으로부터는 오지 않습니다. 우리는 시간과 공간 속에 있는 감성적 사물로부터 경험합니다. 따라서 초감성적인 것에 대한 사유는 우리의 정신, 우리의 순수이성으로부터 생깁니다. 모든 감성적 경험은 두 부분으로 구성되어 있습니다. 하나는 원천적 개념, 즉 근본개념이고, 다른 하나는 그 개념의 시간적 적용입니다.

220

-

초감성적인 것에 대한 경험은 무엇으로 이루어져 있습니까?

-

근본개념의 시간적 적용 없는 보편화로부터 이루어져 있습니다. 우리의 정신은 규칙들을 통해 현상들을 통일화시킵니다. 그러나 정신은 다시금 수많은 규칙들을 통합하고 그리고 수많은 규칙들로부터 무제약적 총체성을 산출합니다. 이 무제약적인 총체성은 우리에게 타당할 뿐만 아니라, 우리로부터 독립적으로 존립하고 있는, 예를 들어 전지전능한 존재자의 사유에게도 타당합니다. 그러한 초감성적인 사유는 모든 감성적 경험으로부터 독립하여 우리의 이성에서 산출됩니다. 자연이 단지 제약된 것이며, 현상이라고 사유하기 전에는 우리가 맹목적으로 자연을 무제약적인 것으로 간주하였습니다. 자연이 제약된 것이 아니고 무제약적인 것으로 생각하는 이런 가상을 밝혀내기에는 매우 어렵습니다. 따라서 우리는 자연을 제약된 것으로 산출하였기 때문에, 우리의 정신에 의해 생각해야만 하는 무제약적인 것을 자연 너머에 부착시키려고 합니다. 이제 근본개념들은 감성적 시간에 관계하는 대신에 초감성적으로 무제약적인 것에 관계합니다.

221

-

우리는 무제약적인 원인, 참된 자기 활동성을 무엇이라고 부릅니까?

-

자유.

222

-

초감성적 원인의 사유, 즉 자유의 사유는 무엇을 포함하고 있습니까?

-

첫째로 작용하는 힘의 사유를, 둘째로 무제약적인 것, 즉 독립적인 작용과 행동의 사유를 포함하고 있습니다.

223

-

제약된 자연과 무제약적 자유는 어떻게 조화합니까?

-

자연 안에는 시간이, 따라서 선후가 있으며 그리고 원인과 결과의 끊임없는 계열이 있습니다. 그러나 이 모든 현상의 계열은 인식하는 존재 없이는 아무것도 아닙니다. 이 존재의 도구는 시간 자체입니다. 그러나 자유는 모든 감각적인 계열이 한번 발생하도록 하는 일종의 근원적인 원인입니다. 그리고 자유는 완전히 독립하여 존재하며 또한 인식하는 존재로부터 자유롭게 존재합니다. 결과적으로 자연 안의 원인성은 모든 원인들의 원인으로서 자연을 창조하는 자유와 조화합니다. 따라서 자유는 정당한 사유입니다.

224

—

그러나 이 사유는 단지 사유일 뿐입니까? 아니면 이 사유에 사실이 기초하고 있습니까? 우리는 자유를 사유할 수 있을 뿐 아니라, 인식할 수 있습니까?

—

일종의 특별한 자유가 우리의 정신에 실제로 출현합니다. 사실 정신은 감성에 제한된 힘이 아닙니다. 비록 현상의 계열에는 초감성적인 능력이 없지만, 우리 인식의 영역에는 초감성적인 능력이 있습니다.

225

-

이것은 어디에서 나타납니까?

-

시공의 무한성 속으로 확장하려 하는 쉴 줄 모르는 감성적 욕망 속에서, 모든 것을 원인과 결과로 파악하려는 노력 속에서, 모든 것을 포괄하는 통일체로서의 세계인식에서, 총체적 사유에서 나타납니다. 다시 말해 사유로 모든 감성을 초월하는 순수한 원동력 속에서, 감성에 결코 만족할 수 없어 인식의 한계를 뛰어 넘는 무제약적으로 독립된 자유의 사유에서 분명해집니다. 우리의 정신은 초감성적인 사유능력입니다. 따라서 정신은 스스로 무제약적으로 자유롭다고 인식하고, 감성적 결과들로부터 독립된 원인으로 인식합니다. 이것이 우리가 자유를 사유할 뿐만 아니라 인식한다는 유일한 경우이며, 순수한 자기인식의 경우입니다.

226

-

나의 정신이 사유할 뿐만 아니라 감성적 결과들도 자아내는 한, 나는 나의 정신을 어떻게 부릅니까?

-

만일 정신이 자신의 목적을 자연 속에서 실현하기 위하여, 자연에서 자유롭게 관여한다면, 나는 정신을 행동하는 활동이라고 부릅니다.

227

-

우리는 이 자유로운 정신으로 무엇을 해야 합니까?

-

우리는 이것을 첫째 장에서 배웠습니다.

역자 후기

우리에게 익히 알려진 바와 같이 칸트철학은 거대한 체계를 이루고 있으며 그 체계 또한 매우 복잡하고 난해해서 이해하기가 힘들다. 그런 까닭에 우리는 칸트철학을 접할 때마다 그 어려움에 곤혹스러워하고 자신의 능력을 비관하기도 한다. 그러나 이 미로와 같이 복잡한 체계는 단 4가지 물음 위에 세워진 건축물이다. 이 4가지 질문은 칸트 자신이 스스로 던지고, 해결하려고 매진했던 철학적 주제이기도 하다.

① 나는 무엇을 알 수 있는가?
② 나는 무엇을 해야 하는가?
③ 나는 무엇을 바랄 수 있는가?
④ 인간이란 무엇인가?

이 4가지 질문 중 마지막 질문은 칸트가 언급했듯이 위의 3가지 질문의 답변을 통해 알 수 있다고 말한다. 그런 까닭에 3가지 질문이 칸트가 전 생애를 걸쳐 추구했던 철학의 핵심적 주제이다. 첫 번째는 앎의 근거에 대한 물음이며, 두 번째는 윤리의 근거이고 세 번째는 믿음의 근거이다. 이 물음들이야말로 진정 철학의 핵심적 주제물음이다.

이 책의 저자인 프리드랜더는 칸트가 제기한 철학의 핵심적인 세 가지 질문을 중심으로 칸트의 거대한 철학적 체계를 이해하기 쉽게 추적한다. 그러나 칸트와는 달리 질문의 순서를 바꾸고 두 번째 물음인 '나는 무엇을 해야 하는가'로부터 출발하여 세 번째 물음인 '나는 무엇을 바랄 수 있는가'를 그리고 마지막으로 첫 번째 물음인 '나는 무엇을 할 수 있는가'를 추적한다. 이렇게 순서를 바꾼 이유는 저자가 그 당시 독일학생의 윤리수업을 위한 입문서로써 이 책을 저술하였기 때문이다. 그는 칸트의 윤리이론을 토대로 윤리교육을 강화하려고 했고 또한 칸트의 윤리이론이야말로 다른 어떤 윤리이론과 비교할 수 없을 만큼 윤리교육에 있어서 가장 효과적인 이론이라고 본다. 그리고 신앙 역시 도덕성을 기반으로 성립해야 한다고 보고 있기에 두 번째 물음 다음에 세 번째 물음을 추적하고 있다. 그리고 저자는 칸트철학에 있어서 실천이성을 토대로 한 도덕성이 가장 우선적인 이유를 세 번째 물음을 통해 입증한다. 따라서 저자가 두 번째 물음을 우선적으로 다룬 까닭은 단순히 이 책을 윤리의 입문서로 저술하겠다는 의도뿐만 아니라 칸트의 철학체계를 윤리학으로부터 추적하겠다는 의도도 숨어 있다고 볼 수 있다.

저자는 학생들을 상대로 칸트철학을 소개하고 있기에 복잡하고 난해한 철학적 사유를 가장 기초적인 물음부터 차근차근 수준을 높여가면서 접근하고 있다. 우리가 이 물음들을 하나하나 따라간다면 그토록 어렵다는 칸트철학을 쉽게 접근할 수 있으며 또한 이해할 수 있을 것이다. 특히 우리가 이 책에서 주목하고자 하는 것은 저자가 가급적 칸트철학의 핵심적인 전문용어를 피하고 가능한 일상적 언어를 통해 칸트철학을 학생들에게 이해시키려고 노력한다. 그런 까닭에 그는 칸트철학을 대표하고 있는 '선험적(transzendental)'이라든가, '선천적(a priori)'과 같은 전문용어를 피하고 내용에 어울리는 일상 언어를 사용하고 있다. 또한 저자는 칸트철학이 전문가의 독점물로 전락한 것을 비판하고 칸트의 윤리이론을 현실의 문제에 적용한다. 그 대표적인 예가 성윤리의 문제이다. 그는 칸트의 윤리이론을 성윤리에 적용하여 성윤리의 정당성을 논의하고 있다. 그런 까닭에 이 책은 칸트철학을 아주 쉽게 접근할 수 있는 입문서라고 할 수 있으며 또한 칸트철학을 현실적 문제에 적용할 수 있는 가능성을 엿

보고 있다.

　진리를 추구하는 철학은 문답으로부터 시작한다. 소크라테스가 그리하였고 플라톤도 문답을 통해 진리에 도달하고자 했다. 저자도 같은 목적으로 질문과 대답을 통해 칸트철학을 학생들에게 이해시키고 있다. 철학은 대답보다 질문이 중요하다. 질문을 정확히 던져야 철학의 핵심적 주제로 다가갈 수 있다. 잘못된 질문은 그 답이 어떠하든지 잘못된 길로 인도한다. 그리고 질문에 대한 대답 그리고 이 대답에 대하여 이어지는 질문들은 논리적이어야 한다. 질문은 꼬리를 물고 이어져야지 뜬금없는 질문이어서는 안 되며 더욱이 질문이 비약적이어서는 안 된다. 철학적 문답은 우리의 논리적 사유를 함양시킨다. 독자는 이 책을 통해 어떤 물음들 제기해야 칸트철학을 쉽게 이해할 수 있고 또한 어떤 물음이 논리적으로 계속 제기될 수 있는지를 파악할 수 있을 것이다. 그리하여 칸트가 주장한 철학적 내용이 무엇인지를 이해할 수 있고 그리고 최근 학교교육에서 강조하고 있는 논리적·비판적 사유도 함양할 수 있을 것이다.

　다만 염려스러운 점은 역자가 저자의 의도에 맞게 이해하기 쉽게 번역하였는가 하는 문제이다. 특히 문답형으로 된 책의 번역은 저자의 의도와는 달리 딱딱할 수밖에 없다. 그리고 번역은 원래의 의미를 왜곡시킬 가능성을 원천적으로 지니고 있다. 왜냐하면 서양의 문화와 우리 문화의 배경이 같을 수가 없기 때문이다. 역자는 가능한 한 직역을 우선으로 하였지만 직역이 용이하지 않거나 이해를 어렵게 할 경우 의역을 할 수밖에 없었다. 이 점 독자에게 양해를 구하며, 혹시 잘못된 번역이 있을 경우 그 책임은 전적으로 역자에게 있으며 독자의 기탄없는 질책이 있기를 바란다.

2011년 10월 송파동에서
박중목